속담왕을 예쁘게
색칠해 보세요!

콩나물쌤과 함께하는
문해력 속담왕(행동편)

초판 1쇄 인쇄 2023년 12월 27일
초판 1쇄 발행 2024년 1월 10일

지은이 전병규
그림 정서용
펴낸이 이범상
펴낸곳 (주)비전비엔피 · 그린애플

기획 편집 차재호 김승희 김혜경 한윤지 박성아 신은정 한지은
디자인 최원영 이민선
마케팅 이성호 이병준 문세희
전자책 김성화 김희정
관리 이다정

주소 우) 04034 서울특별시 마포구 잔다리로7길 12 (서교동)
전화 02) 338-2411 | **팩스** 02) 338-2413
홈페이지 www.visionbp.co.kr
인스타그램 https://www.instagram.com/greenapple_vision
포스트 post.naver.com/visioncorea
이메일 gapple@visionbp.co.kr

등록번호 제2021-000029호

ISBN 979-11-92527-44-4 64700
979-11-92527-36-9 (세트)

· 값은 뒤표지에 있습니다.
· 잘못된 책은 구입하신 서점에서 바꿔드립니다.

콩나물쌤과 함께하는

문해력 속담왕

행동편

우리가 만만해 보이냐!
호랑이한테 물려 가도 정신만 차리면 산다더니!

그린애플

추천사

속담에는 문화, 전통, 지혜, 교훈, 재치, 그리고 언어 감각이 모두 담겨 있다. 그래서 초등학생 때 속담을 제대로 알아야 할 필요가 있다. 이 책은 단순히 속담을 알려 주는 데 그치지 않고, 가지고 놀게 만든다. 아이 스스로 생각하게 하고, 익숙한 만화로 의미를 이해시키고, 다른 표현으로 확장하며, 일상생활에 속담을 적용하게 하면서 언어능력을 자극한다. 한마디로 속담의 속까지 뒤집어 보여 주며 문해력을 높이는 프로그램이다.

_ **최나야**(서울대 아동가족학과 교수, 《초등 문해력을 키우는 엄마의 비밀》 저자)

학창 시절에 속담 목록을 보면서 재미없게 속담을 접한 기억이 납니다. 외워지지도 않았고 이해도 되지 않았으며 일단 그 속담 목록을 보기 싫었어요. 재미없었기 때문입니다. 그런데 이 책을 보고 놀랐습니다. 속담이 이렇게 재밌을 수 있는 것인가요? 재미는 아이들에게 최고의 동기 요인입니다. 속담을 재치 있는 그림과 만화로 표현하여 이해를 돕고, 이 책을 보고 싶게 만들어 줍니다. 단순히 재밌는 만화로 끝나는 것이 아니라 콩나물쌤의 상세한 설명과 나만의 예시를 직접 써 보면서 깊이 있는 이해를 더해 그 속담을 정말 '나의 것'으로 만들어 줍니다. 이 책은 비유가 가득한 말을 쉽게 이해할 수 있도록 하는 장치를 통해 글을 이해하고, 나아가 나의 삶과 연결해 보도록 돕고 있습니다. 재미, 유익함, 실용성, 유의미성, 이 네 박자가 갖춰진 책이 잘 없지만 이 책은 네 가지를 동시에 지니고 있습니다. 책을 읽어도 무슨 뜻인지 잘 모르는 아이, 글 읽기를 즐겨하지 않는 아이, 비유나 상징이 들어간 글을 어려워하는 아이, 조금 더 수준 높고 풍성한 문해력을 갖고 싶어 하는 아이 모두에게 추천해 드립니다.

_ **효린파파 성기홍**(EBS 영어 강사, 교사, 영어 교육크리에이터)

2007년 아이폰의 출시 이후 세상은 달라졌습니다. 전 세계인들이 고개를 숙여 스마트폰을 들여다보고 있습니다. 이 현상은 앞으로도 지속될 것으로 전망됩니다. 자녀들이 스마트폰을 접하게 되는 것은 피할 수 없는 숙명입니다. 하지만 여전히 학교와 사회에서는 문해력이 중요하게 작용하는 시험을 보고 있습니다. 스마트폰의 영향을 가볍게 생각하고 독서의 힘을 경시해서는 안 됩니다. 지금이라도 초등학교 교과서를 펼쳐서 아이들이 그 내용을 제대로 이해하고 있는지를 확인해 보세요. 학교에서 앞서가고 있는 것 같겠지만 교과서 내용을 완전히 이해하는 아이들은 한 반에 몇 명 없습니다.
미취학에서 초등까지 읽고 또 읽어야 합니다. 그리고 읽기의 핵심은 어휘, 그리고 글에 대한 이해입니다. 콩나물쌤이 쓴 이 책 한 권으로 두 마리 토끼를 모두 잡을 수 있습니다. 저는 개인적으로 선조들이 남긴 속담을 굉장히 좋아합니다. 저에게 속담은 아주 오래 전을 산 선조와의 대화 수단입니다. 속담의 의미를 생각해 보면 선조들도 나와 같은 고민을 했다는 생각을 하게 됩니다.
속담 공부를 통해서 많은 것을 배울 수 있을 것이라고 생각합니다. 어휘를 바탕으로 한 문해력은 물론이고, 옛 선조의 지혜를 배우면서 오늘을 슬기롭게 살아갈 수 있을 겁니다. 무엇보다 인성 교육이 많이 부족한 요즈음 속담의 의미를 새기는 아이들은 공감 능력을 바탕으로 우리 사회에 필요한 인재가 될 것이라 생각합니다. 이 책을 꾸준히 읽으며 부모와 자녀가 많은 대화를 나누고, 소중한 가치를 배우는 기회를 갖기 바랍니다. 아이들이 미래입니다.

_ **정승익**(더불어함께 교육연구소 대표, 《어머니, 사교육을 줄이셔야 합니다》 저자)

문해력에 대한 초등 부모들의 고민이 커지고 있습니다. 글보다는 영상에 익숙한 아이들이 증가해서 문해력 부족 문제가 지속적으로 대두되고 있는 것이죠. 문해력이 부족하면 글을 잘 읽지 못하고 이해하지 못할 뿐만 아니라 말을 조리 있게 하지 못하는 상황까지 이어질 수 있죠. 그렇다면 문해력을 향상시키기 위한 방법은 없을까요? 이 책은 이 질문에 구체적인 해답을 주고 있습니다. 초등교육 전문가이자 문해력 전문가인 저자는 '속담'을 익히는 것에 주목합니다. 그도 그럴 것이 속담은 우리 선조들이 가진 삶의 지혜가 잘 녹아있는 짧은 표현이기 때문이죠. 속담은 자신의 생각과 의견을 멋지게 표현할 수 있는 유용한 도구이기도 합니다. 저자는 단순히 속담을 학습하라고 알려 주는 것에서 더 나아가 속담을 좀 더 잘 익힐 수 있도록 친절한 가이드까지 제시합니다. 기존에 속담을 주제로 한 책들이 만화나 이야기로 접근했다면 이 책은 속담에 들어있는 비유를 적용해 좀 더 쉽게 이해할 수 있도록 도와줍니다. 문해력, 어휘력을 재미있고 유익하게 익히고 싶은 분들께 이 책을 추천합니다.

_ **방종임**(유튜브 교육채널 '교육대기자TV' 운영자, 《자녀교육 절대공식》 저자)

프롤로그

비유를 이해해야 문해력 속담왕!

안녕!! 여러분~ 저는 콩나물쌤이에요. 《콩나물쌤과 함께하는 문해력 속담왕(행동편)》에 오신 것을 환영해요. 여러분은 속담이 무엇인지 알고 있나요? 속담은 우리 선조들의 삶의 지혜가 녹아 있는 짧은 표현을 뜻해요. 속담은 오래된 이야기지만 여전히 중요해요. 무려 4천 년도 더 된 속담도 여전히 우리 삶에 적용되기 때문이죠. 인간의 삶에는 아무리 많은 시간이 지나도 변하지 않는 것들이 있답니다. 우리가 속담을 배워야 하는 이유를 좀 더 자세히 살펴볼까요?

첫째, 살면서 나쁜 일을 덜 겪을 수 있어요. 예를 들어 '고래 싸움에 새우 등 터진다'는 속담을 알면 쓸데없이 남의 다툼에 끼어 손해 입는 일이 적어요. 또 '바늘 도둑이 소도둑 된다'는 속담을 알면 작은 잘못을 가볍게 여겨 더 큰 잘못을 저지르는 일이 적겠죠.

둘째, 자기의 생각과 의견을 쉽고 멋지게 표현할 수 있어요. 자기가 아는 것이 전부라고 생각하는 친구에게는 '우물 안의 개구리', 약한 친구를 괴롭히는 아이에게는 '지렁이도 밟으면 꿈틀한다'라고 말해 주세요. 길고 복잡하게 말하지 않아도 여러분의 생각을 명확히 표현할 수 있답니다.

셋째, 문화를 깊이 이해할 수 있어요. 속담에는 사람들이 살면서 자주 하는 행동과 실수, 흔히 볼 수 있는 동물과 사물 등 그 사회의 문화가 고스란히 녹아 있어요. 예를 들어 우리 속담에는 소가 자주 나오는 반면 태국 속담에는 코끼리가 자주 나와요. 속담에 나오는 외양간, 우물, 솥뚜껑, 숭늉, 등불, 선무당 같은 단어들은 모두 우리 문화를 잘 보여 주고 있어요.

속담은 어떻게 배우느냐가 정말 중요해요. 속담을 배울 때는 단순히 뜻을 외워서는 안 돼요. 그래서 재미있는 만화나 이야기만으로는 속담을 제대로 알 수 없답니다. 속담은 그 의미를 깊이 이해하는 것이 아주 중요하답니다. 그러기 위해서는 속담에 담긴 비유를 이해해야 해요.

비유란 설명하려는 것을 비슷한 성질을 가진 다른 것에 빗대어 설명하는 방법이에요. 예를 들어 '아빠는 포크레인처럼 힘차게 땅을 팠다'는 땅을 파는 아빠의 힘찬 모습을 포크레인에 비유한 표현이에요. 아빠를 포크레인에 비유함으로써 아빠의 강한 힘을 강조하고 있어요.

속담은 비유의 덩어리예요. 모든 속담은 비유이고 속담 속 모든 표현 역시 비유예요. '우물 안 개구리'에서 우물은 우물이 아니고 개구리는 개구리가 아니에요. 우물은 보고 들은 것이 별로 없는 상황을, 개구리는 어리석은 사람을 뜻해요. 마찬가지로 '바늘 도둑이 소도둑 된다'에서 바늘 도둑과 소도둑 역시 실제 바늘 도둑과 소도둑을 뜻하지 않아요. 바늘 도둑은 작은 나쁜 짓을, 소도둑은 큰 나쁜 짓을 뜻해요. 그렇기 때문에 비유를 이해하지 못한 채 속담을 배운다면 배워도 배운 것이 아니랍니다. 그래서 그동안 재미있는 속담책을 읽고 나서도 속담의 뜻은 잘 몰랐던 거예요.

속담을 통해 비유를 이해하고 나면 학교 공부에도 큰 도움이 돼요. 비유를 이해하는 힘이 커지면 지식을 이해하는 힘이 커지기 때문이에요. 왜 그럴까요? 사람은 새로운 것을 배울 때 늘 자신이 이미 알고 있는 것과 비교하면서 배워요. 예를 들어 얼룩말은 얼룩 + 말이며 곱셈은 덧셈의 반복이라는 식으로 이해하게 되죠. 그래서 공부를 잘하려면 내가 이미 알고 있는 것과 새로 배우는 것 사이의 관련성을 이해하는 것이 중요해요.

비유는 하나와 다른 하나를 연결하는 표현이에요. 비유를 잘 이해하는 아이는 새로 배우는 지식을 이미 자신이 알고 있는 지식과 잘 연결할 줄 알아요. 그래서 속담을 통해 비유를 이해하면 학교 공부에 도움이 되는 거예요. 선생님의 설명을 들을 때 비유라는 생각의 도구로 남들보다 더 쉽게 이해할 수 있는 거죠. 교과서를 읽거나 지식책을 읽을 때도 마찬가지고요.

그러기 위해서는 속담을 배울 때 반드시 비유에 대해 생각해야 해요. 그래야 비유를 이해하는 힘이 커지고 공부하는 힘도 커진답니다. 단순히 웃긴 만화로 속담을 접하면 이런 힘이 잘 길러지지 않아요. 이것이 바로 이 책을 통해 속담을 공부해야 하는 이유랍니다. 이 책을 통해 속담을 제대로 공부해 보세요. 옛사람들의 지혜를 익히고 자신의 생각을 멋지게 표현할 수 있게 돼요. 또 우리 문화와 세계 여러 나라의 문화도 알게 되죠. 그 과정에서 비유를 이해하는 힘이 커지면서 성적도 쑥쑥 오를 겁니다.

자, 그럼 이제 문해력 속담왕이 되기 위한 여행을 떠나볼까요? 출발!!

여러분의 문해력을 쑥쑥 키워 줄

콩나물쌤으로부터

좀
깨끗하게
하고
다녀야지
나처럼~~
휙!
저…
저건
똥!
똥 묻은 개가 겨 묻은 개
나무란다더니!!

이 책의 활용법

개구리 올챙이 적 생각 못 한다
물고기야, 너는 다리도 없고 모습이 참 이상하구나.
달달
개구리야, 너도 올챙이 때는 다리가 없었단다.
무슨 말도 안 되는 소리니? 나는 태어날 때부터 다리가 네 개 다 있었다고!!
펄쩍
개구리 올챙이 적 생각 못 한다더니.

첫 번째 페이지

오늘 배울 속담과 이를 재미있게 표현한 만화가 있어요. 만화는 속담을 최대한 있는 그대로 표현했어요. 무슨 말인지 이해하기 어려운 속담도 만화를 보고 나면 한 번에 이해될 거예요. 다음 단계를 따라가며 학습해 보세요.

1단계 | 재미있게 만화 보기

처음에는 그냥 가벼운 마음으로 만화를 즐겨 보세요. 귀여운 그림체, 우스꽝스러운 상황과 대사 덕분에 신나게 웃을 수 있을 거예요.

2단계 | 소리 내어 속담 읽어 보기

만화를 다 보았다면 만화 위에 있는 속담을 읽어 보세요. 3번 정도 소리 내어 읽어 보면 더 잘 기억할 수 있을 거예요.

3단계 | 속담이 뜻하는 상황 생각하기

속담은 어떤 상황을 표현하고 있을까요? 만화와 연결해서 생각해 보세요.

두 번째 페이지

어휘력 꽉잡아 속담에서 보이는 뜻을 생각해 보세요.

올챙이는 개구리의 어린 시절 모습입니다.

적*은 지나간 어떤 때를 말합니다.

보이는 뜻 '개구리는 자신이 어렸을 때를 생각 못 한다'입니다.

* '가난했을 적에, 옛날 옛적에, 어렸을 적에'처럼 사용합니다.

추론력 꽉잡아 속담 속에 숨은 뜻을 생각해 보세요.

개구리는 예전보다 형편이 나아진 상황을 뜻합니다.

올챙이는 형편이 어렵던 시절을 뜻합니다.

숨은 뜻 입니다.

21

속담에는 크게 두 가지 뜻이 있어요. 하나는 겉에서 그대로 보이는 뜻이고 다른 하나는 숨어 있는 진짜 뜻이에요. 어휘력 꽉 잡아에서는 겉으로 드러난 뜻을 살펴보고 추론력 꽉 잡아에서는 숨은 뜻을 살펴봅니다. 다음 단계를 따라가며 학습해 보세요.

어휘력 꽉 잡아

1단계 | 단어 뜻 이해하기

속담에 사용된 단어의 뜻을 살펴봅시다. 그림을 보고 단어와 단어에 담긴 뜻을 소리 내어 읽어 보세요.

2단계 | 속담의 보이는 뜻 생각하기

단어의 뜻을 연결하여 속담의 보이는 뜻을 살펴봅시다. 읽고 무슨 뜻인지 말하면서 설명해 보세요.

추론력 꽉 잡아

1단계 | 단어 속에 숨은 뜻 이해하기

속담 속 단어에는 원래 뜻 이외에도 이 속담에서만 가지는 숨은 뜻이 있어요. 예를 들어 올챙이의 원래 뜻은 개구리의 어린 시절이지만 이 속담에서는 형편이 어렵던 시절을 뜻하죠. 이런 식으로 단어의 숨은 뜻이 무엇인지 그림과 함께 살펴보세요.

2단계 | 속담 속에 숨은 뜻 생각하기

단어가 원래 뜻이 아닌 새로운 뜻으로 쓰였다면 속담도 다른 뜻을 가지겠죠? 단어의 숨은 뜻을 연결하여 속담 속에 숨은 뜻을 생각해 보세요.

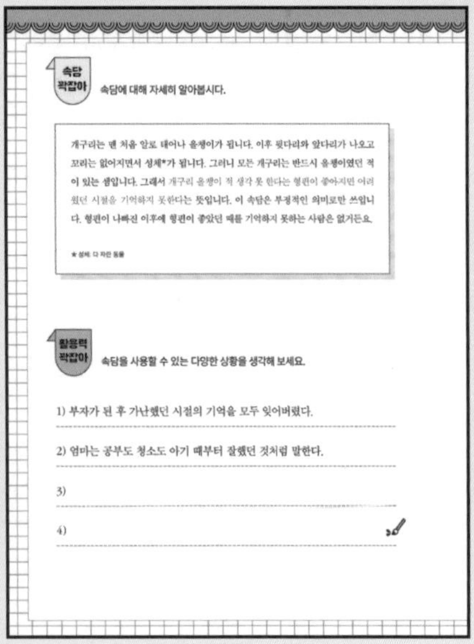
속담 꽉잡아 속담에 대해 자세히 알아봅시다.

개구리는 맨 처음 알로 태어나 올챙이가 됩니다. 이후 뒷다리와 앞다리가 나오고 꼬리는 없어지면서 성체*가 됩니다. 그러니 모든 개구리는 반드시 올챙이였던 적이 있는 셈입니다. 그래서 개구리 올챙이 적 생각 못 한다는 형편이 좋아지면 어려웠던 시절을 기억하지 못한다는 뜻입니다. 이 속담은 부정적인 의미로만 쓰입니다. 형편이 나빠진 이후에 형편이 좋았던 때를 기억하지 못하는 사람은 없거든요.

★ 성체: 다 자란 동물

활용력 꽉잡아 속담을 사용할 수 있는 다양한 상황을 생각해 보세요.

1) 부자가 된 후 가난했던 시절의 기억을 모두 잊어버렸다.

2) 엄마는 공부도 청소도 아기 때부터 잘했던 것처럼 말한다.

3)

4)

세 번째 페이지

속담 꽉 잡아에서는 속담에 대해 자세히 알아봅니다. 속담에 숨은 뜻이 여러분의 생각과 같은지 확인해 보세요. 활용력 꽉 잡아에서는 속담을 사용할 수 있는 다양한 상황에 대해 생각해 봅니다. 다음 단계를 따라가며 학습해 보세요.

속담 꽉 잡아

1단계 | 읽기

속담에 대해 자세히 설명한 글이 있습니다. 차분히 읽어 보세요.

2단계 | 설명하기

방금 읽은 내용이 어떤 내용이었는지 책을 보면서 설명해 보세요.

3단계 | 안 보고 설명하기

정말 잘 읽고 잘 이해했다는 자신감이 있나요? 그렇다면 책을 덮은 후 읽은 내용을 설명해 보세요. 혹시 어렵다면 잠깐 펼쳐서 본 후 다시 덮고 설명하면 됩니다.

활용력 꽉 잡아

1단계 | 읽기

속담을 사용할 수 있는 상황 2가지를 읽어 봅니다. 왜 이 상황에서 오늘 배운 속담을 사용할 수 있는지 생각해 보세요.

2단계 | 새로운 상황 쓰기

오늘 배운 속담을 사용할 수 있는 상황 두 가지를 써 보세요. 여러분이 직접 겪은 일도 좋고 상상한 일도 좋아요. 다른 사람이 겪은 일이나 다른 사람이라고 생각하고 써도 좋아요.

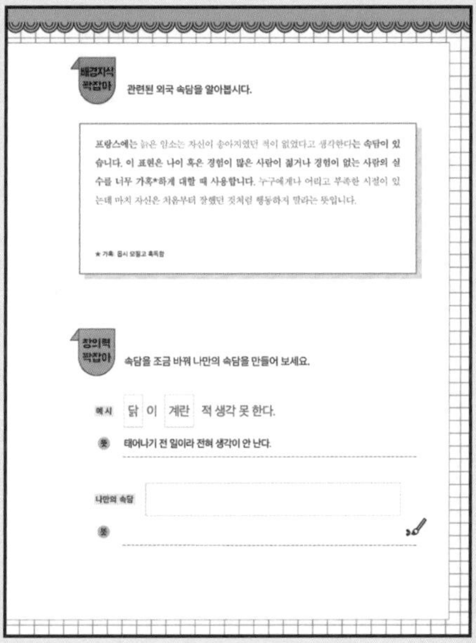

배경지식 꽉잡아 관련된 외국 속담을 알아봅시다.

프랑스에는 늙은 암소는 자신이 송아지였던 적이 없었다고 생각한다는 속담이 있습니다. 이 표현은 나이 혹은 경험이 많은 사람이 젊거나 경험이 없는 사람의 실수를 너무 가혹*하게 대할 때 사용합니다. 누구에게나 어리고 부족한 시절이 있는데 마치 자신은 처음부터 잘했던 것처럼 행동하지 말라는 뜻입니다.

★ 가혹: 몹시 모질고 혹독함

창의력 꽉잡아 속담을 조금 바꿔 나만의 속담을 만들어 보세요.

예시 닭 이 계란 적 생각 못 한다.

뜻 태어나기 전 일이라 전혀 생각이 안 난다.

나만의 속담

뜻

네 번째 페이지

배경지식 꽉 잡아에서는 오늘 배운 속담과 관련된 외국 속담을 알아봅니다. 배경지식도 쌓고 다양한 관점도 배우게 될 거예요. 창의력 꽉 잡아에서는 오늘의 속담을 살짝 바꾸어 여러분만의 속담을 만들어 보세요. 속담을 더 자세히 들여다보고 새로운 각도로 바라볼 수 있게 될 거예요.

배경지식 꽉 잡아

1단계 | 읽기

오늘 배운 속담과 관련된 외국 속담과 이에 대한 자세한 설명문이 있어요. 제시된 글을 차분히 읽어 보세요.

2단계 | 비교하기

우리 속담과 외국 속담을 서로 비교해 보세요. 어떤 점이 같고 어떤 점이 다른가요? 유사한 상황을 서로 어떻게 받아들이고 있는지 살펴보면 더욱 재미있습니다.

창의력 꽉 잡아

1단계 | 읽기

오늘의 속담을 살짝 바꿔 만든 새로운 속담을 읽어 보세요. 어디를 어떻게 바꾸었는지 그래서 어떤 뜻이 되었는지 살펴보세요.

2단계 | 나만의 속담 쓰기

오늘의 속담 중 일부를 바꾸어 나만의 속담을 써 보세요. 원래 속담을 찾아볼 수 없을 정도로 전체를 다 바꾸면 안 돼요. 일부는 남겨 놓고 일부만 바꾸도록 하세요. 예를 들어 개구리 올챙이 적 생각 못 한다에서는 '적 생각 못 한다'는 남겨 놓고 개구리와 올챙이만 다른 걸로 바꿀 수 있어요. 반대로 개구리와 올챙이만 남겨 놓고 '적 생각 못한다'를 다른 것으로 바꿀 수도 있어요.

아, 강 건너
불구경이군.

차례

4주 차

5주 차

6주 차

속담왕

1주 차

가는 말이 고와야 오는 말이 곱다

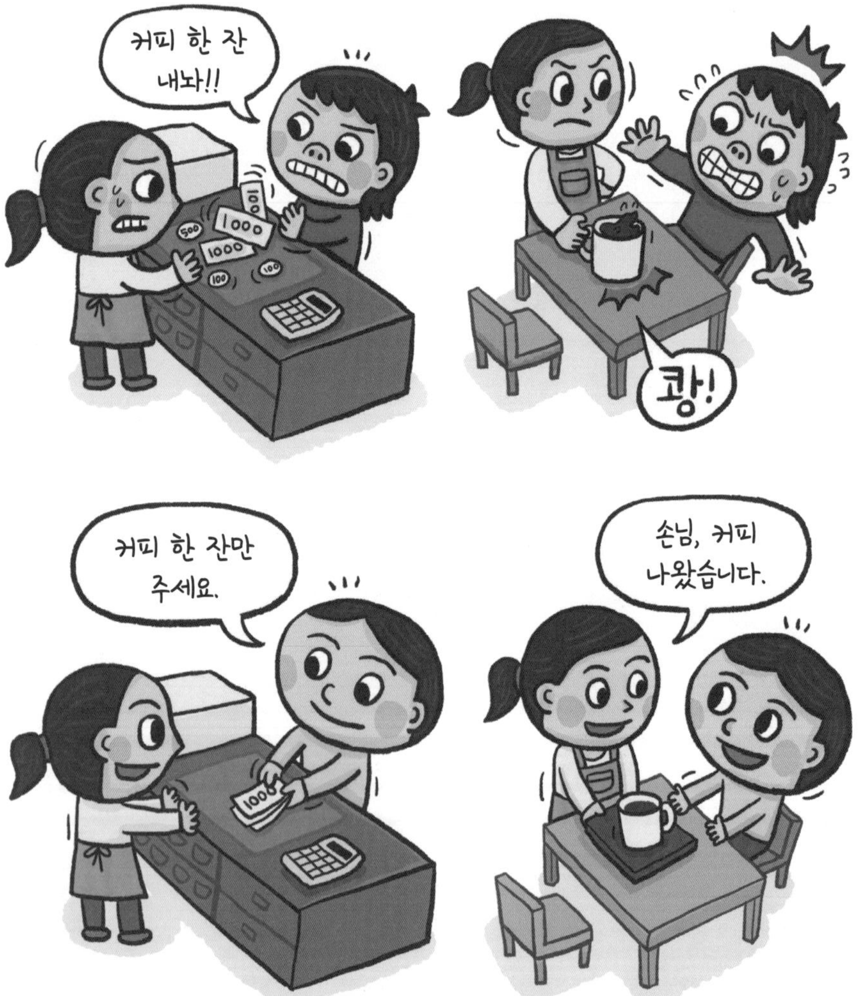
커피 한 잔 내놔!!
쾅!
커피 한 잔만 주세요.
손님, 커피 나왔습니다.

어휘력 꽉잡아

속담에서 보이는 뜻을 생각해 보세요.

가는 말은 나로부터
상대에게 가는 말을 뜻합니다.

곱다는 모양, 행동이 산뜻하고
아름답다는 뜻입니다.

보이는 뜻

'나로부터 상대에게 가는 말이 아름다워야
상대로부터 나에게 오는 말도 아름답다' 입니다.

추론력 꽉잡아

속담 속에 숨은 뜻을 생각해 보세요.

가는 말은 내가 남에게 하는
말과 행동을 뜻합니다.

오는 말은 남이 나에게 하는
말과 행동을 뜻합니다.

숨은 뜻

입니다.

속담 짝잡아 속담에 대해 자세히 알아봅시다.

누군가 여러분에게 욕설★을 한 적이 있나요? 그때 어떤 기분이 들었나요? 나에게 욕설을 하는 친구에게 좋은 말을 하고 싶은 친구는 아무도 없을 거예요. 대부분 친구들이 아마 똑같이 나쁜 말을 돌려주고 싶었을 거예요. 이처럼 가는 말이 고와야 오는 말이 곱다는 내가 남에게 하는 말과 행동이 좋아야 남이 나에게 하는 말과 행동도 좋다는 뜻이에요.

★ 욕설: 남의 인격을 무시하는 모욕적인 말

활용력 짝잡아 속담을 사용할 수 있는 다양한 상황을 생각해 보세요.

1. 나에게 친절하게 대하는 친구에게 나도 친절하게 대했다.

2. 나를 놀리는 형에게 나도 똑같이 놀렸다.

3.

4.

배경지식 꽉잡아 관련된 외국 속담을 알아봅시다.

미국에는 하나의 나쁜 말은 다른 나쁜 말을 불러온다는 표현이 있습니다. 나쁜 말을 한 번 하면 계속해서 나쁜 말을 하게 된다는 의미입니다. 말은 습관이라 나쁜 말을 하는 사람은 계속 나쁜 말을 하게 됩니다. 또 이것을 듣고 있던 주변 사람도 기분이 나빠져 함께 욕을 하게 되지요. 그러니 나쁜 말은 아예 하지 않도록 노력하고 대신 밝고 긍정적★인 말을 하도록 노력하기 바랍니다.

★ 긍정적: 바람직한 것

창의력 꽉잡아 속담을 조금 바꿔 나만의 속담을 만들어 보세요.

예 시 [짓는 낯] 이 고와야 [보는 낯] 이 곱다.

뜻 내가 웃는 표정을 지어야 상대도 웃는 표정을 짓는다.

나만의 속담 [ ]

뜻

강 건너 불구경

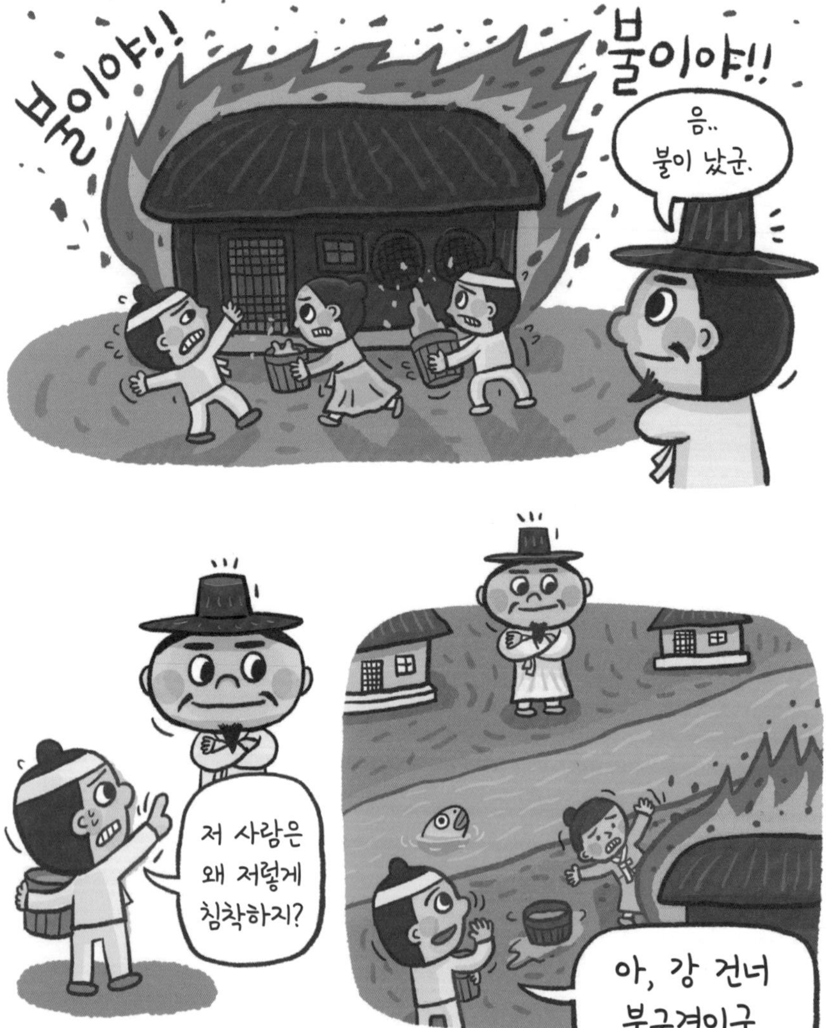
불이야!!
불이야!!
음..
불이 났군.
저 사람은
왜 저렇게
침착하지?
아, 강 건너
불구경이군.

어휘력 꽉잡아

속담에서 보이는 뜻을 생각해 보세요.

강 건너는
강의 건너편을 뜻합니다.

불구경은
불이 난 것을 구경하는 일을 말합니다.

보이는 뜻

'강 건너편에 난 화재를 구경한다' 입니다.

추론력 꽉잡아

속담 속에 숨은 뜻을 생각해 보세요.

강 건너 불은
자기와 상관 없는 일을 뜻합니다.

구경은
무관심하게 방관함을 뜻합니다.

숨은 뜻

입니다.

속담 꽉잡아

속담에 대해 자세히 알아봅시다.

화재★가 나면 사람들은 놀라서 도망가거나 불을 끄려고 온 힘을 다할 겁니다. 그런데 만약 불이 난 곳이 강 건너편이라면 어떨까요? 불이 강을 넘어서 나에게까지 올 수는 없을 겁니다. 그러면 사람들은 나와 상관없는 일이라고 크게 걱정하지 않고 그냥 구경만 하기 쉽습니다. 그래서 강 건너 불구경은 자기와 상관 없는 일이라고 무관심하게 방관한다는 의미입니다.

★ 화재: 불로 인한 재난

활용력 꽉잡아

속담을 사용할 수 있는 다양한 상황을 생각해 보세요.

1. 동생이 숙제를 안 해서 혼나게 되었다고 걱정할 때

2. 길을 가는데 도로에 작은 교통사고가 나 있을 때

3.

4.

배경지식 꽉잡아

관련된 외국 속담을 알아봅시다.

지금의 이탈리아에 해당하는 고대 로마에는 네로 황제★가 있었습니다. 그는 매우 나쁜 황제라 도시가 불타는 모습을 보면서도 그냥 악기만 연주했다고 합니다. 그래서 로마가 불타는 동안 바이올린 연주하기라는 표현이 나오게 되었습니다. 이는 매우 중요한 일에 신경을 쓰지 않고 자신의 일만 하고 있다는 의미로 쓰입니다.

★ 황제: 매우 큰 나라에서 여러 왕을 거느린 가장 높은 왕

창의력 꽉잡아

속담을 조금 바꿔 나만의 속담을 만들어 보세요.

예 시 | 산 넘어 | 꽃구경

뜻 부모님이 꽃을 보러 높은 산으로 등산을 간다.

나만의 속담

뜻

꼬리가 길면 밟힌다

아무도 모르겠지?
오늘도 아무도 모르는군.
아무리 훔쳐 먹어도 영원히 모를거야!
어쩐지 치즈가 조금씩 줄어든다 했다!!

어휘력 꽉잡아

속담에서 보이는 뜻을 생각해 보세요.

꼬리는 동물의 꽁무니에 붙어서 조금 나와 있는 부분입니다.

밟힌다는 다른 이의 발에 의해 눌린다는 뜻입니다.

↘ ↙

보이는 뜻

'동물의 꼬리가 길면 다른 이에게 밟힌다' 입니다.

추론력 꽉잡아

속담 속에 숨은 뜻을 생각해 보세요.

꼬리가 길면은 남몰래 나쁜 일을 계속하다 보면을 뜻합니다.

밟힌다는 들킨다는 뜻입니다.

↘ ↙

숨은 뜻

입니다.

속담 꽉잡아 속담에 대해 자세히 알아봅시다.

꼬리가 길면 밟힌다는 남몰래 나쁜 일을 계속하다 보면 결국 들키게 된다는 뜻입니다. 운이 좋으면 나쁜 짓을 한두 번 해도 들키지 않을 수도 있습니다. 하지만 잘못된 행동이 반복되면 반드시 잡히게 됩니다. 그렇다고 '나쁜 짓은 한두 번만 하면 되겠네'라고 생각하지는 마세요. 바늘 도둑이 소도둑 된다고 나쁜 짓은 점차 커지므로 아예 하지 않는 것이 상책★입니다.

★ 상책: 가장 좋은 대책이나 방책

활용력 꽉잡아 속담을 사용할 수 있는 다양한 상황을 생각해 보세요.

1. 언니 사탕을 매일 하나씩 몰래 먹다가 결국 들켰다.

2. 아빠 지갑에서 몰래 돈을 꺼내 쓰다가 결국 들켰다.

3.

4.

배경지식 꽉잡아 관련된 외국 속담을 알아봅시다.

영국에는 우물에 자주 가는 항아리★는 결국 깨지게 된다는 속담이 있습니다. 매일 같이 우물에 물을 뜨려고 간다면 여러 가지 일을 겪게 될 것입니다. 어떤 날은 별일 없이 다녀오겠지만 어떤 날은 넘어지기도 하고 또 어떤 날은 부딪혀 다치는 날도 있겠죠. 그런 와중에 물을 뜨려고 가져간 항아리는 깨지게 되고요. 그래서 이 속담은 어떤 행동을 반복하면 반드시 그에 따른 문제가 생긴다는 의미입니다.

★ 항아리: 아래위가 좁고 배가 부른 질그릇

창의력 꽉잡아 속담을 조금 바꿔 나만의 속담을 만들어 보세요.

예 시 꼬리가 길면 불편하다.

뜻 꼭 필요하지 않은 것이 많으면 괜히 거추장스럽다.

나만의 속담

뜻

꿩 먹고 알 먹기

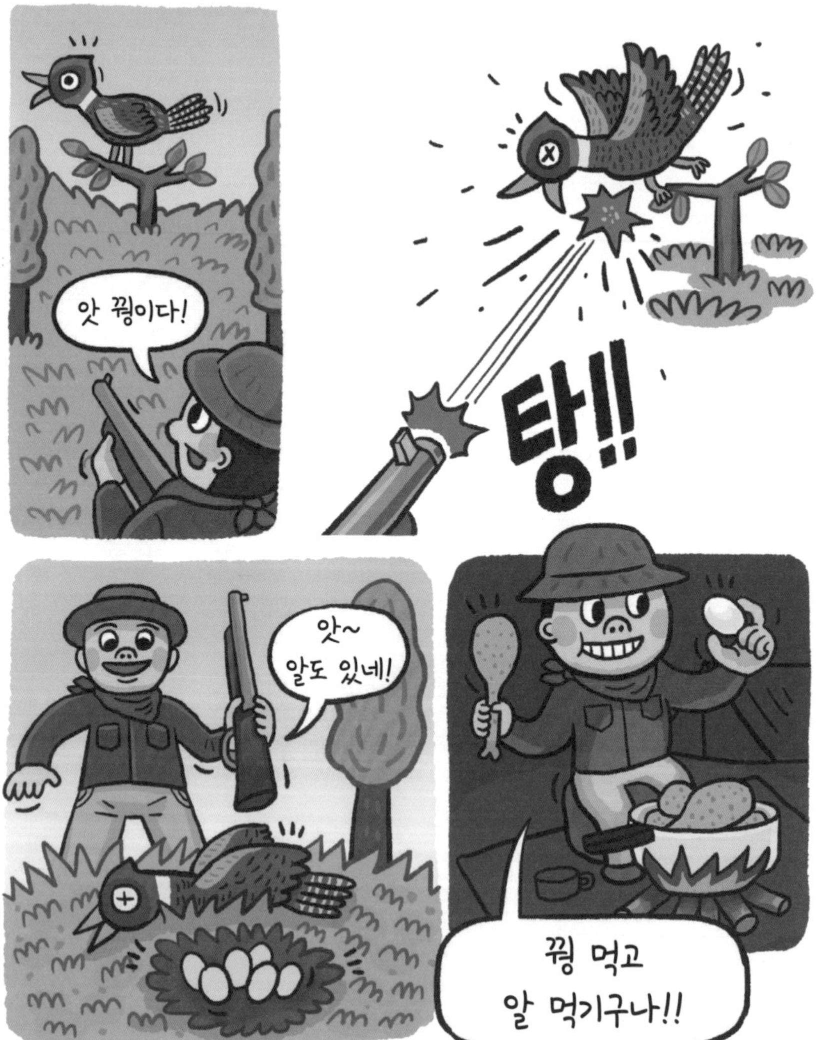
앗 꿩이다!
탕!!
앗~ 알도 있네!
꿩 먹고 알 먹기구나!!

어휘력 꽉잡아

속담에서 보이는 뜻을 생각해 보세요.

꿩 먹고는 새의 일종인 꿩을 잡아 먹고라는 뜻입니다.

알은 새나 곤충의 암컷이 낳는 둥근 모양의 물질입니다.

보이는 뜻 '꿩을 잡아 먹고 알도 잡아 먹는다' 입니다.

추론력 꽉잡아

속담 속에 숨은 뜻을 생각해 보세요.

꿩 먹고는 하나의 일을 하면서라는 뜻입니다.

알 먹기는 또 다른 이득을 얻는다는 의미입니다.

숨은 뜻 입니다.

속담 꽉잡아 속담에 대해 자세히 알아봅시다.

여러분이 숲에서 사냥을 하고 있다고 상상해 보세요. 꿩이 날아가는 걸 보고 총을 쏴서 잡았습니다. 그런데 떨어진 꿩을 찾으러 갔더니 근처에 꿩 둥지가 있고 거기에 알이 가득 있습니다. 어떤 상황인가요? 꿩 잡는 일 하나만 했는데 두 개의 이득★이 생긴 셈이지요. 그래서 꿩 먹고 알 먹기는 하나의 일을 통해 두 가지 이상의 이득을 얻게 된다는 뜻입니다.

★ 이득: 이익을 얻음

활용력 꽉잡아 속담을 사용할 수 있는 다양한 상황을 생각해 보세요.

1. 우리 속담을 배우면서 외국 속담도 함께 배우는 경우

2. 청소를 하다가 떨어진 동전을 주웠을 때

3.

4.

배경지식 꽉잡아

관련된 외국 속담을 알아봅시다.

일본에는 장기와 비슷한 쇼기라는 놀이가 있습니다. 쇼기는 역할이 정해진 여러 말을 움직여 상대의 장군★을 잡는 사람이 이기게 됩니다. 장군이 가장 중요하기는 하지만 실제로 가장 강력한 말은 비차입니다. 이 비차를 잡으면 게임에서 매우 유리해집니다. 그래서 일본 속담 비차 잡고 장군 부르기는 한 번에 두 가지 이득을 얻는다는 뜻입니다.

★ 장군: 군을 지휘하고 통솔하는 우두머리 군인

창의력 꽉잡아

속담을 조금 바꿔 나만의 속담을 만들어 보세요.

예 시 건빵 먹고 별사탕 먹고

뜻 건빵 안에 별사탕이 있어서 동시에 두 개를 먹을 수 있다.

나만의 속담

뜻

누워서 침 뱉기

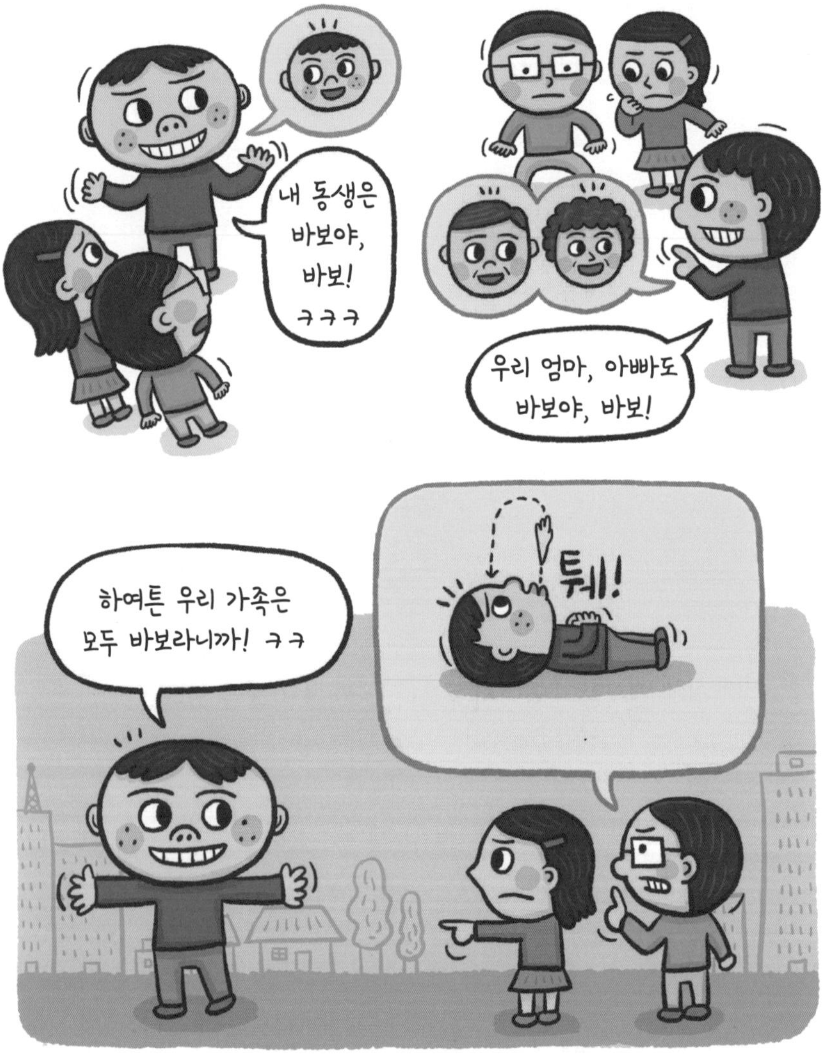

내 동생은 바보야, 바보! ㅋㅋㅋ
우리 엄마, 아빠도 바보야, 바보!
하여튼 우리 가족은 모두 바보라니까! ㅋㅋ
퉤!

어휘력 꽉잡아

속담에서 보이는 뜻을 생각해 보세요.

누워서는 몸을 바닥 따위에 대고
수평 상태가 된 상태입니다.

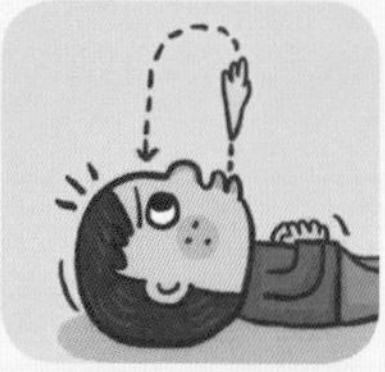

뱉기는 입 속에 있는 것을
입 밖으로 내보내는 행동입니다.

↘ ↙

보이는 뜻

'몸을 바닥에 대고 누워서 침을 입 밖으로 내보낸다' 입니다.

추론력 꽉잡아

속담 속에 숨은 뜻을 생각해 보세요.

누워서는
자기 자신에게 돌아오는 상태를 합니다.

침 뱉기는
해를 끼치는 행동을 뜻합니다.

↘ ↙

숨은 뜻

입니다.

속담 꽉잡아

속담에 대해 자세히 알아봅시다.

누워서 침을 뱉으면 어떻게 될까요? 처음에는 뱉은 힘으로 침이 위로 솟구쳐 올라갈 것입니다. 하지만 잠시 후 중력★에 의해 침은 다시 아래로 떨어질 것입니다. 그러면 처음에 침을 뱉은 자기 자신의 얼굴에 떨어지겠죠. 그래서 누워서 침 뱉기는 자기 자신에게 해가 되어 돌아오는 행동을 뜻합니다.

★ 중력: 지구가 지구 위의 물체를 잡아당기는 힘

활용력 꽉잡아

속담을 사용할 수 있는 다양한 상황을 생각해 보세요.

1. 자기 가족의 나쁜 점에 대해 다른 사람들에게 말하는 경우

2. 자신의 약점을 스스로 다른 사람들에게 말하는 경우

3.

4.

배경지식 꽉잡아

관련된 외국 속담을 알아봅시다.

유럽의 동쪽, 즉 동유럽에는 루마니아라는 나라가 있습니다. 루마니아는 드라큘라 이야기의 배경★으로 유명하지요. 루마니아에는 위로 쏜 화살은 쏜 사람 머리 위로 떨어진다는 속담이 있습니다. 이 속담 역시 자기 자신에게 해가 되는 행동을 스스로 할 때 사용합니다. 우리의 '누워서 침 뱉기'와 거의 같은 의미입니다.

★ 배경: 문학 작품에서 시대적 사회적 환경이나 장소

창의력 꽉잡아

속담을 조금 바꿔 나만의 속담을 만들어 보세요.

예 시 누워서 숨쉬기

뜻 아주 편안한 상태

나만의 속담

뜻

1주차 복습

1. 다음 빈칸에 들어갈 말을 보기에서 찾아 써 보세요.

보기 침 뱉기, 고와야, 꿩, 밟힌다, 불구경

1) 가는 말이 [ ] 오는 말이 곱다

2) 강 건너 [ ]

3) 꼬리가 길면 [ ]

4) [ ] 먹고 알 먹기

5) 누워서 [ ]

2. 다음 뜻을 가진 단어를 보기에서 찾아 써 보세요.

보기 욕설, 긍정적, 상책, 화재, 중력, 황제, 이득

1) 남의 인격을 무시하는 모욕적인 말 ➡

2) 바람직한 것 ➡

3) 불로 인한 재난 ➡

4) 매우 큰 나라에서 여러 왕을 거느린 가장 높은 왕 ➡

5) 가장 좋은 대책이나 방책 ➡

6) 이익을 얻음 ➡

7) 지구가 지구 위의 물체를 잡아당기는 힘 ➡

3. 다음 속담을 보고 그 뜻으로 알맞은 것을 골라 선으로 연결하세요.

가는 말이 고와야 오는 말이 곱다 ●	● 남몰래 나쁜 일을 계속하다 보면 결국 들키게 된다
강 건너 불구경 ●	● 자기 자신에게 해가 되어 돌아오는 행동
꼬리가 길면 밟힌다 ●	● 내가 남에게 하는 말과 행동이 좋아야 남이 나에게 하는 말과 행동도 좋다
꿩 먹고 알 먹기 ●	● 하나의 일을 통해 두 가지 이상의 이득을 얻게 된다
누워서 침 뱉기 ●	● 자기와 상관 없는 일이라고 무관심하게 방관한다

4. 다음 속담과 그 뜻을 읽고 이에 대한 여러분의 생각을 글로 써 보세요.

가는 말이 고와야 오는 말이 곱다

내가 남에게 하는 말과 행동이 좋아야
남이 나에게 하는 말과 행동도 좋다

속담왕

2주차

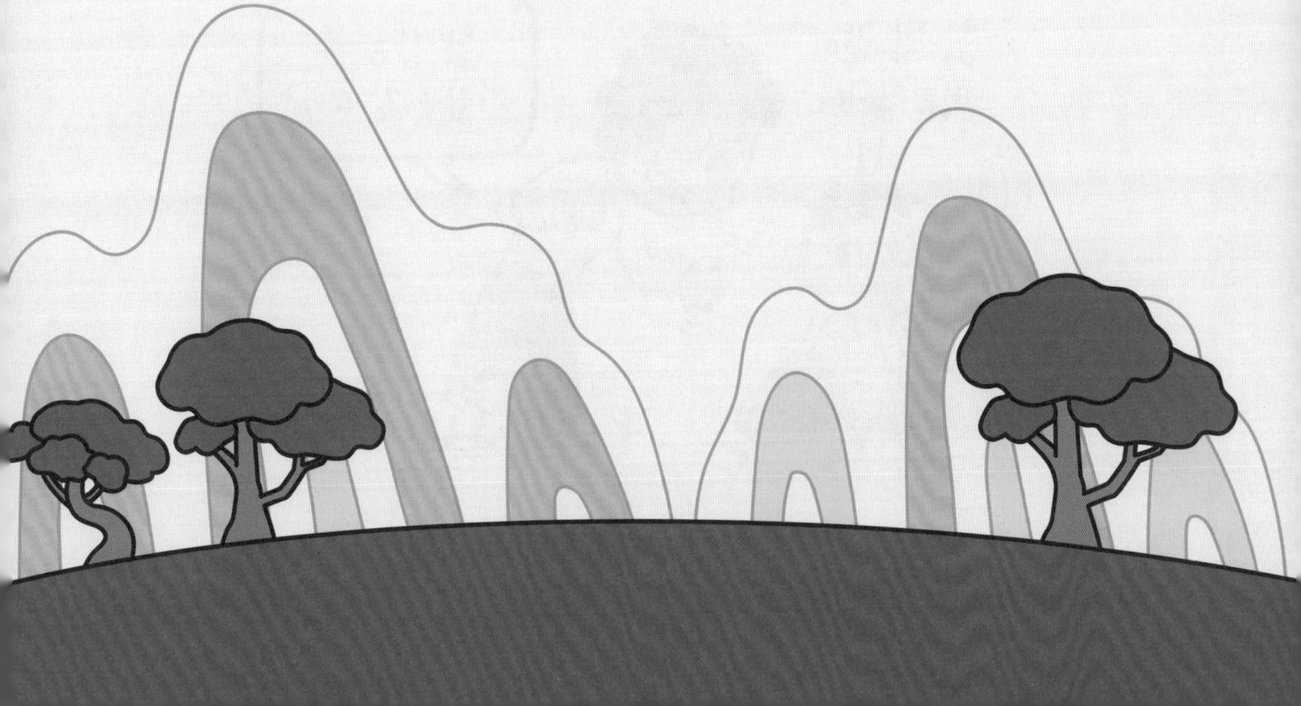

닭 잡는 데 소 잡는 칼 쓴다

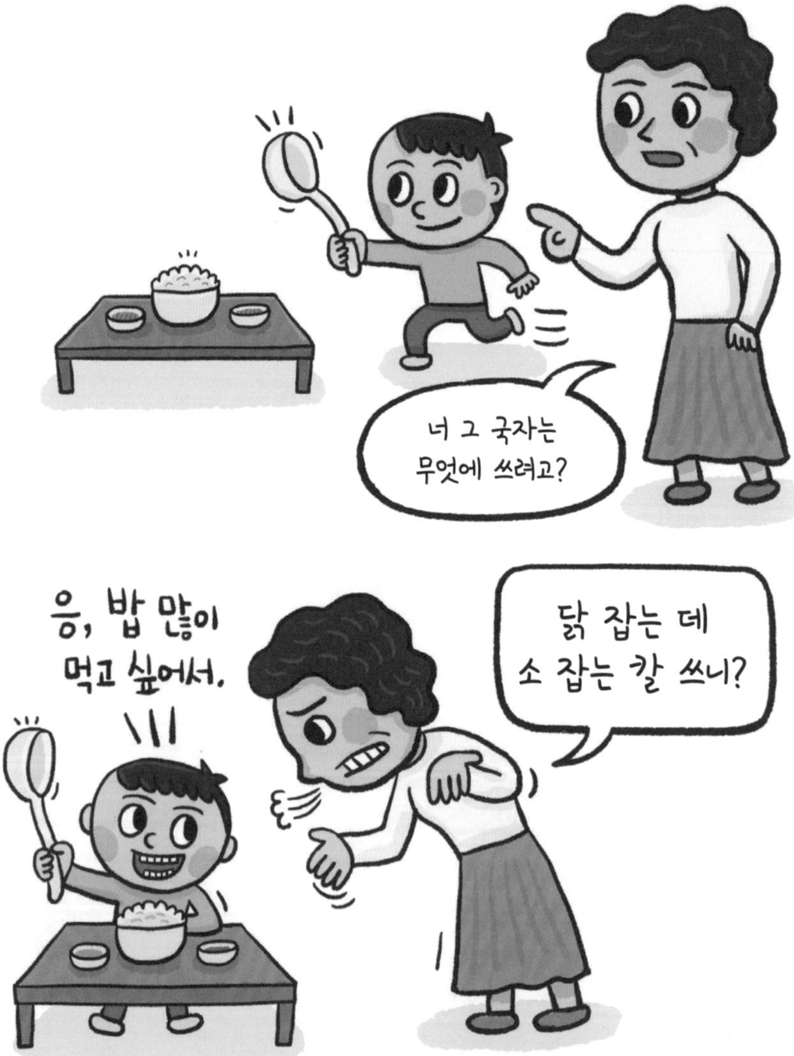

너 그 국자는 무엇에 쓰려고?
응, 밥 많이 먹고 싶어서.
닭 잡는 데 소 잡는 칼 쓰니?

어휘력 꽉잡아

속담에서 보이는 뜻을 생각해 보세요.

닭 잡는 데는
닭을 먹으려고 죽이는 데라는 뜻입니다.

소 잡는 칼은
소를 죽일 때 쓰는 큰 칼을 뜻합니다.

보이는 뜻

'닭을 죽이려는 데 소를 죽이는 큰 칼을 사용한다' 입니다.

추론력 꽉잡아

속담 속에 숨은 뜻을 생각해 보세요.

닭 잡는 데는
작은 일 할 때라는 뜻입니다.

소 잡는 칼 쓴다는
쓸데없이 큰 힘을 쓴다는 뜻입니다.

숨은 뜻

입니다.

속담 꽉잡아 속담에 대해 자세히 알아봅시다.

닭은 1kg 내외★의 작은 동물인 반면 소는 700kg 내외의 아주 큰 동물입니다. 그러니 각 동물을 잡는 칼의 크기도 차이가 큽니다. 닭을 잡을 때 쓰는 칼은 작고, 소를 잡을 때 쓰는 칼은 매우 크지요. 그래서 닭 잡는 데 소 잡는 칼 쓴다는 속담은 작은 일을 하면서 쓸데없이 큰 힘을 쓴다는 의미입니다.

★ 내외: 약간 덜하거나 조금 넘음

활용력 꽉잡아 속담을 사용할 수 있는 다양한 상황을 생각해 보세요.

1. 라면 하나 끓이면서 커다란 냄비를 꺼낼 때

2. 작은 먼지를 닦으려고 커다란 진공 청소기를 꺼내올 때

3.

4.

배경지식 꽉잡아

관련된 외국 속담을 알아봅시다.

태국에는 코끼리 타고 메뚜기 잡는다는 속담이 있습니다. 코끼리는 덩치도 크고 힘이 세서 아주 좋아 보입니다. 하지만 코끼리를 타면 메뚜기를 잘 잡을 수 있을까요? 높아서 메뚜기가 잘 보이지도 않고 오히려 잡기가 더 힘들 것입니다. 그래서 이 속담은 크다고 좋은 것이 아니라 용도★에 맞게 적절한 것을 사용해야 효과적이라는 뜻입니다.

★ 용도: 사용되는 곳, 쓰임새

창의력 꽉잡아

속담을 조금 바꿔 나만의 속담을 만들어 보세요.

예 시 얼굴 닦는 데 발수건 쓴다.

뜻 잘못 사용해서 오히려 일을 망쳤다.

나만의 속담

뜻

돌다리도 두들겨 보고 건너라

얼른 가자.
그런데 돌이 하나 이상한데?
걱정마. 돌이라서 단단하다고.
으악!
돌다리도 두들겨 보고 건너라니까.

어휘력 꽉잡아

속담에서 보이는 뜻을 생각해 보세요.

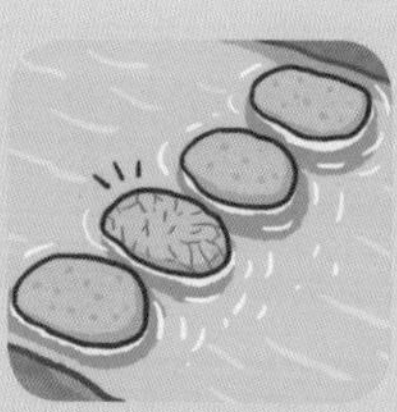

돌다리는
돌로 만든 다리를 뜻합니다.

두들겨는 소리가 나도록
치거나 때려라는 의미입니다.

보이는 뜻

'돌로 만든 다리도 소리가 나도록 때려보고 건너라' 입니다.

추론력 꽉잡아

속담 속에 숨은 뜻을 생각해 보세요.

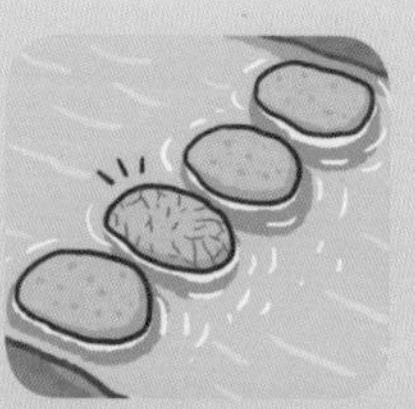

돌다리는
잘 아는 일을 뜻합니다.

두들겨 보고 건너라는
꼼꼼하게 확인해 보라는 의미입니다.

숨은 뜻

입니다.

속담 꽉잡아

속담에 대해 자세히 알아봅시다.

돌다리는 다른 다리와 비교해 어떤 특성★이 있을까요? 매우 튼튼하다는 특징이 있을 것입니다. 돌이라는 재료가 원래 단단한 데다 나무처럼 썩을 일도 없으니까요. 그런 돌다리를 두들겨 보고 건너라는 말은 확실한 일이나 이미 내가 잘 아는 일도 꼼꼼하게 확인해 보라는 의미입니다.

★ 특성: 일정한 사물에만 있는 특수한 성질

활용력 꽉잡아

속담을 사용할 수 있는 다양한 상황을 생각해 보세요.

1. 긴 여행을 갈 때 전기 등을 잘 껐는지 여러 번 확인할 때

2. 시험을 칠 때 확실하다고 생각하는 내용도 다시 한번 확인할 때

3.

4.

배경지식 꽉잡아

관련된 외국 속담을 알아봅시다.

캐나다에는 후회하는 것보다는 안전한 게 낫다는 속담이 있습니다. 사고는 언제나 방심★할 때 일어납니다. 내가 잘 알고 있다고 생각할 때, 내가 잘한다고 자만할 때 사고가 나지요. 잘한다고 생각해서 더 이상 조심하지 않기 때문입니다. 그래서 이 속담은 방심하다 사고나서 후회하지 말고 미리미리 안전하게 행동하라는 의미입니다.

★ 방심: 마음을 다잡지 아니하고 풀어놓아 버림

창의력 꽉잡아

속담을 조금 바꿔 나만의 속담을 만들어 보세요.

예 시 [수박] 도 두드려 보고 [사라.]

뜻 물건을 살 때는 물건의 상태를 확인하고 구입하라.

나만의 속담

뜻

똥 묻은 개가 겨 묻은 개 나무란다

어휴 더러워! 이게 다 뭐야!
겨잖아. 이런 걸 왜 묻히고 다니니. 더럽게?
좀 깨끗하게 하고 다녀야지. 나처럼~~
홱!
저… 저건 똥!
똥 묻은 개가 겨 묻은 개 나무란다더니!!

어휘력 꽉잡아 속담에서 보이는 뜻을 생각해 보세요.

겨는 벼, 보리 따위의 곡식을 빻아 벗겨낸 껍질을 뜻합니다.

나무라다는 상대방의 잘못을 지적한다는 의미입니다.

보이는 뜻 '똥이 묻은 개가 겨가 묻은 개의 잘못을 지적한다' 입니다.

추론력 꽉잡아 속담 속에 숨은 뜻을 생각해 보세요.

똥 묻은 개는 큰 결점이 있는 사람을 의미합니다.

겨 묻은 개는 결점이 작은 사람을 의미합니다.

숨은 뜻 입니다.

속담
꽉잡아

속담에 대해 자세히 알아봅시다.

겨는 곡식을 빻고★ 나서 벗겨진 껍질이라서 그렇게 더럽지 않습니다. 털면 그만이지요. 이에 비해 똥은 냄새도 나고 많이 더럽습니다. 그러니 똥 묻은 개가 겨 묻은 개보다 훨씬 더럽다고 볼 수 있습니다. 그래서 똥 묻은 개가 겨 묻은 개 나무란다는 큰 결점이 있는 사람이 결점이 작은 사람을 지적한다는 의미입니다.

★ 빻다: 물기가 없는 것을 찧어서 가루로 만들다

활용력
꽉잡아

속담을 사용할 수 있는 다양한 상황을 생각해 보세요.

1. 수학 50점 맞은 친구가 수학 70점 맞은 친구를 놀릴 때

2. 물건을 훔친 아이가 거짓말한 아이에게 나쁘다고 비난할 때

3.

4.

배경지식 꽉잡아

관련된 외국 속담을 알아봅시다.

영국에는 냄비가 주전자보고 검다고 한다는 속담이 있습니다. 이 속담은 자기 자신도 가지고 있는 결점★을 다른 사람이 가지고 있다고 비난해서는 안 된다는 의미입니다. 이 속담은 스페인 문학 돈키호테를 영국에서 번역하는 과정에서 생겨났습니다. 난로 위에 올려둔 냄비가 주전자를 보고 검다고 비난하지만 사실 주전자는 깨끗했고 검은 것은 주전자에 비친 냄비의 모습이었다고 합니다.

★ 결점: 잘못되거나 부족하여 완전하지 못한 점

창의력 꽉잡아

속담을 조금 바꿔 나만의 속담을 만들어 보세요.

예 시 똥 묻은 개가 겨 묻은 개 부러워한다.

뜻 자기 결점을 아는 사람은 결점이 작은 사람을 부러워한다.

나만의 속담

뜻

못 먹는 감 찔러나 본다

다른 하나는
동생 거니깐
먹으면 안돼!
앗!
홍시네.
맛있다!
동생 감도
맛있을까?
콕!콕!
이게 뭐야!!
못 먹는 감
찔러나 본다더니!

어휘력 꽉잡아 속담에서 보이는 뜻을 생각해 보세요.

못 먹는 감은
내가 먹을 수 없는 감을 뜻합니다.

찔러나 본다는 손이나 도구로
괜히 찔러 본다는 뜻입니다.

↘ ↙

보이는 뜻 '내가 먹을 수 없는 감을 손이나 도구로 괜히 찔러 본다' 입니다.

추론력 꽉잡아 속담 속에 숨은 뜻을 생각해 보세요.

못 먹는 감은
내가 가질 수 없는 것을 뜻합니다.

찔러나 본다는 남들도 쓸 수 없게
망가뜨린다는 뜻입니다.

↘ ↙

숨은 뜻 입니다.

속담 짝잡아 속담에 대해 자세히 알아봅시다.

만약 말랑한 홍시를 손으로 여러 번 찌른다면 어떻게 될까요? 딱딱한 사과나 수박 같은 과일은 괜찮겠지만 말랑한 감은 구멍이 쑥 들어갈 겁니다. 그러면 금세 상해서 못 먹게 되겠죠. 그래서 못 먹는 감 찔러나 본다는 내가 가질 수 없는 것은 남들도 쓸 수 없게 망가뜨린다는 의미입니다. 꼭 망가뜨리려는 의도★가 아니어도 가질 수 없는 물건을 자꾸 만질 때도 이 속담을 쓸 수 있습니다.

★ 의도: 무엇을 하고자 하는 생각이나 계획

활용력 짝잡아 속담을 사용할 수 있는 다양한 상황을 생각해 보세요.

1. 동생이 만든 멋진 장난감이 부러워서 일부러 망가뜨릴 때

2. 친구의 스마트폰이 부러워서 계속 만지작거릴 때

3.

4.

배경지식 꽉잡아

관련된 외국 속담을 알아봅시다.

잠비아에는 배고플 때 하는 행동을 통해 그 사람을 알 수 있다는 속담이 있습니다. 사람이 배부르고 기분이 좋을 때는 누구나 어느 정도 착하게 행동할 수 있습니다. 하지만 배고프고 기분이 나쁠 때 착하게 행동하기는 쉽지 않습니다. 그래서 이 속담은 상황이 안 좋을 때 하는 행동을 통해 그 사람의 진면목★을 알 수 있다는 의미입니다.

★ 진면목: 본디부터 지니고 있는 그대로의 상태

창의력 꽉잡아

속담을 조금 바꿔 나만의 속담을 만들어 보세요.

예 시 못 먹는 감 밭에나 뿌린다.

뜻 내가 쓸 수 없는 것이라도 다른 방법으로 사용할 수 있다.

나만의 속담

뜻

미꾸라지 한 마리가 온 웅덩이를 흐린다

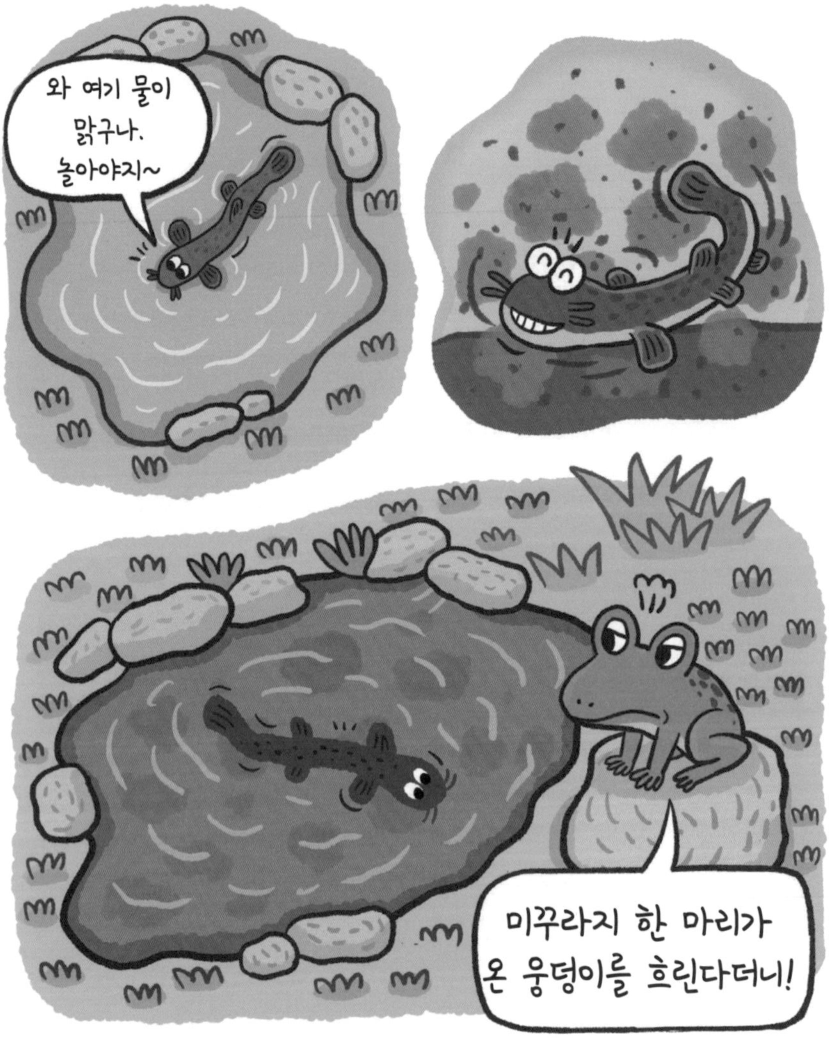

와 여기 물이 맑구나. 놀아야지~
미꾸라지 한 마리가 온 웅덩이를 흐린다더니!

어휘력 꽉잡아 속담에서 보이는 뜻을 생각해 보세요.

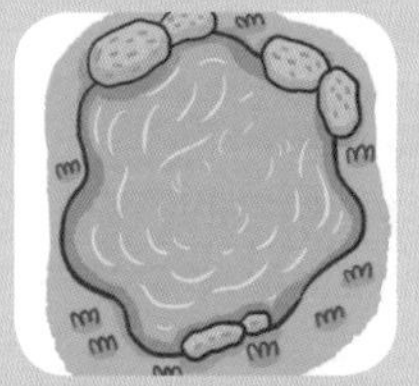

온 웅덩이는
웅덩이 전체를 뜻합니다.

흐린다는 잡것이 섞여
깨끗하지 못함을 뜻합니다.

↘ ↙

보이는 뜻 '미꾸라지 한 마리가 웅덩이 전체를 지저분하게 만든다' 입니다.

추론력 꽉잡아 속담 속에 숨은 뜻을 생각해 보세요.

미꾸라지 한 마리는
행실이 좋지 않은 한 사람을 뜻합니다.

온 웅덩이를 흐린다는
전체에 나쁜 영향을 끼친다는 뜻입니다.

↘ ↙

숨은 뜻 입니다.

속담 꽉잡아 속담에 대해 자세히 알아봅시다.

흙이 있는 웅덩이는 가만히 두면 흙이 가라앉아 맑아집니다. 그런데 이 웅덩이를 휘저으면 어떻게 될까요? 흙이 위로 떠오르고 섞여 물 전체가 뿌옇고 지저분하게 변할 것입니다. 그래서 미꾸라지 한 마리가 온 웅덩이를 흐린다는 행실★이 좋지 않은 한 사람이 전체에게 나쁜 영향을 끼친다는 의미입니다.

★ 행실: 실지로 드러나는 행동

활용력 꽉잡아 속담을 사용할 수 있는 다양한 상황을 생각해 보세요.

1. 아이들이 모두 열심히 공부하고 있는데 한 명이 방해할 때

2. 갑자기 한 명이 무단횡단하자 다른 사람들이 덩달아 무단횡단할 때

3.

4.

배경지식 꽉잡아 관련된 외국 속담을 알아봅시다.

귤을 샀을 때 만약 썩은 귤이 있으면 바로 꺼내서 버려야 합니다. 왜냐하면 멀쩡한 귤도 썩은 귤과 함께 두면 금세 썩어 버리기 때문입니다. 썩은 귤의 곰팡이가 옆으로 번식★하기 때문이죠. 이와 같은 의미로 영국에는 썩은 사과 하나가 사과 한 통을 망친다는 속담이 있습니다. 나쁜 영향은 작아도 쉽게 퍼져 전체를 망칠 수 있다는 뜻입니다.

★ 번식: 생물이 종족의 수를 늘려 나가는 활동

창의력 꽉잡아 속담을 조금 바꿔 나만의 속담을 만들어 보세요.

예시 미꾸라지 한 마리가 온 세상을 밝힌다.

뜻 보잘것없는 한 사람이 좋은 영향을 끼칠 수도 있다.

나만의 속담

뜻

2주차 복습

1. 다음 빈칸에 들어갈 말을 보기에서 찾아 써 보세요.

보기 못 먹는 감, 소 잡는 칼, 미꾸라지, 겨 묻은 개, 돌다리

1) 닭 잡는 데 [ ] 쓴다

2) [ ] 도 두들겨 보고 건너라

3) 똥 묻은 개가 [ ] 나무란다

4) [ ] 찔러나 본다

5) [ ] 한 마리가 온 웅덩이를 흐린다

2. 다음 뜻을 가진 단어를 보기에서 찾아 써 보세요.

보기 번식, 용도, 방심, 특성, 결점, 의도, 내외

1) 약간 덜하거나 조금 넘음 ➡

2) 사용되는 곳, 쓰임새 ➡

3) 일정한 사물에만 있는 특수한 성질 ➡

4) 마음을 다잡지 아니하고 풀어놓아 버림 ➡

5) 잘못되거나 부족하여 완전하지 못한 점 ➡

6) 무엇을 하고자 하는 생각이나 계획 ➡

7) 생물이 종족의 수를 늘려 나가는 활동 ➡

3. 다음 속담을 보고 그 뜻으로 알맞은 것을 골라 선으로 연결하세요.

닭 잡는 데 소 잡는 칼 쓴다	잘 아는 일도 꼼꼼하게 확인해 보라
돌다리도 두들겨 보고 건너라	행실이 좋지 않은 한 사람이 전체에게 나쁜 영향을 끼친다
똥 묻은 개가 겨 묻은 개 나무란다	내가 가질 수 없는 것은 남들도 쓸 수 없게 망가뜨린다
못 먹는 감 찔러나 본다	큰 결점이 있는 사람이 결점이 작은 사람을 지적한다
미꾸라지 한 마리가 온 웅덩이를 흐린다	작은 일을 하면서 쓸데없이 큰 힘을 쓴다

4. 다음 속담과 그 뜻을 읽고 이에 대한 여러분의 생각을 글로 써 보세요.

**미꾸라지 한 마리가
온 웅덩이를 흐린다**

행실이 좋지 않은 한 사람이
전체에게 나쁜 영향을 끼친다

속담왕

3주차

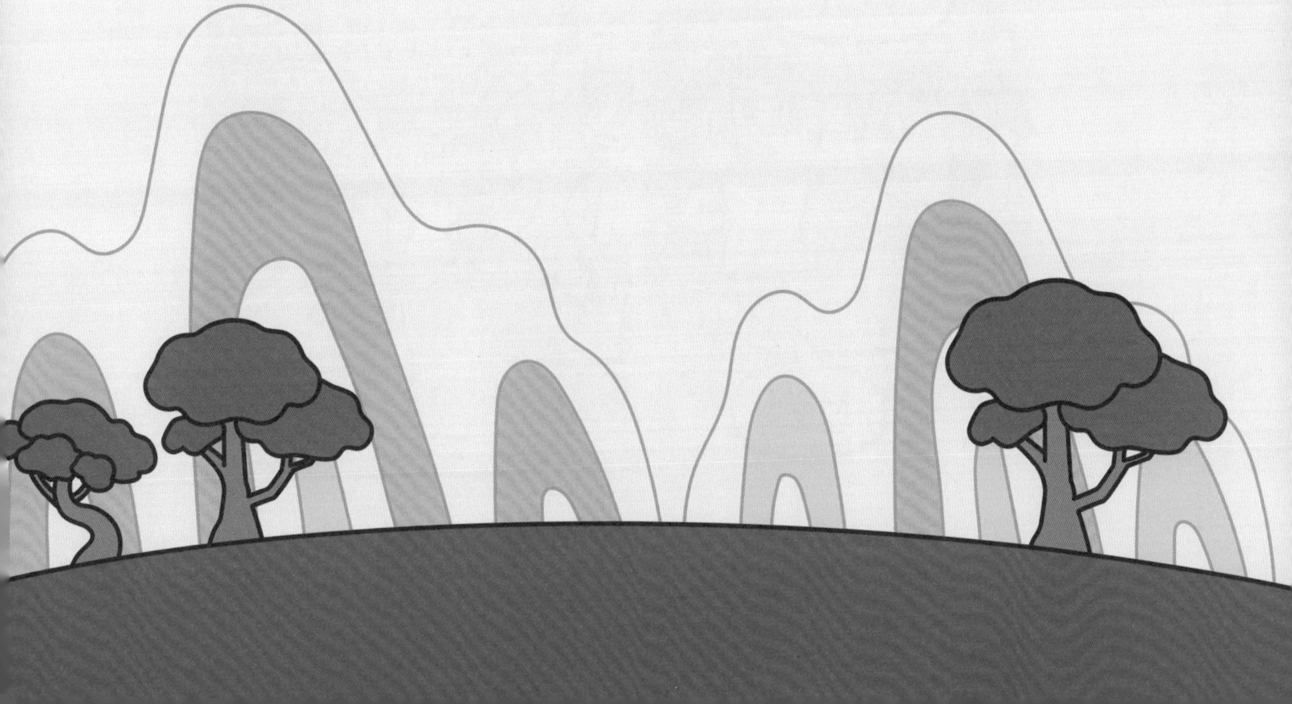

백지장도 맞들면 낫다

이거 6학년 5반 선생님 갖다 드려.
6학년 교실에 간다니 설레기도 하고 무섭기도 해.
1-1
그럼…
예솔아~ 같이 갈까?
정말!
6-5
호호호 하하하
백지장도 맞들면 낫다더니!!

어휘력 꽉잡아 속담에서 보이는 뜻을 생각해 보세요.

백지장은
하얀 종이 한 장을 뜻합니다.

맞들면은 물건을 양쪽에서
마주 들다는 뜻입니다

보이는 뜻 '흰 종이 한 장도 양쪽에서 함께 들면 좋다' 입니다.

추론력 꽉잡아 속담 속에 숨은 뜻을 생각해 보세요.

백지장은
아주 쉬운 일을 뜻합니다.

맞들면 낫다는 서로 도와주면
더욱 쉽다는 의미입니다.

숨은 뜻 입니다.

속담 꽉잡아

속담에 대해 자세히 알아봅시다.

백지장도 맞들면 낫다는 아주 쉬운 일도 서로 도우면 더욱 쉽다는 의미입니다. 혼자서도 충분히 들 수 있는 백지장을 맞든다고 어떤 도움이 될까요? 일을 할 때는 단순히 육체★만 힘든 것이 아닙니다. 심심하거나 쓸쓸해서 힘든 경우도 많죠. 그래서 아주 쉬운 일이라도 누군가 도와주면 쓸쓸하지 않아서 힘이 납니다.

★ 육체: 구체적인 물체로서 사람의 몸

활용력 꽉잡아

속담을 사용할 수 있는 다양한 상황을 생각해 보세요.

1. 선생님 심부름을 갈 때 친구가 함께 가 주는 경우

2. 내 방 청소를 하는데 동생이 도와주는 경우

3.

4.

배경지식 꽉잡아

관련된 외국 속담을 알아봅시다.

아프리카에는 빨리 가려면 혼자 가고 멀리 가려면 함께 가라는 속담이 있습니다. 이는 큰일을 하려면 여러 사람과 함께 협력★하라는 의미입니다. 어떤 일을 다른 사람과 함께 하려면 준비하고 소통하는 데 더 많은 시간이 걸립니다. 하지만 다른 사람과 함께 하기에 더 크고 멋진 일을 할 수 있습니다. 힘들 때 서로 의지할 수 있고 어려울 때 함께 문제를 극복할 수 있기 때문입니다.

★ 협력: 힘을 합하여 서로 도움

창의력 꽉잡아

속담을 조금 바꿔 나만의 속담을 만들어 보세요.

예 시 백지장은 맞들면 번거롭다.

뜻 너무 사소한 일은 혼자 하는 것이 더 간단하다.

나만의 속담

뜻

병 주고 약 준다

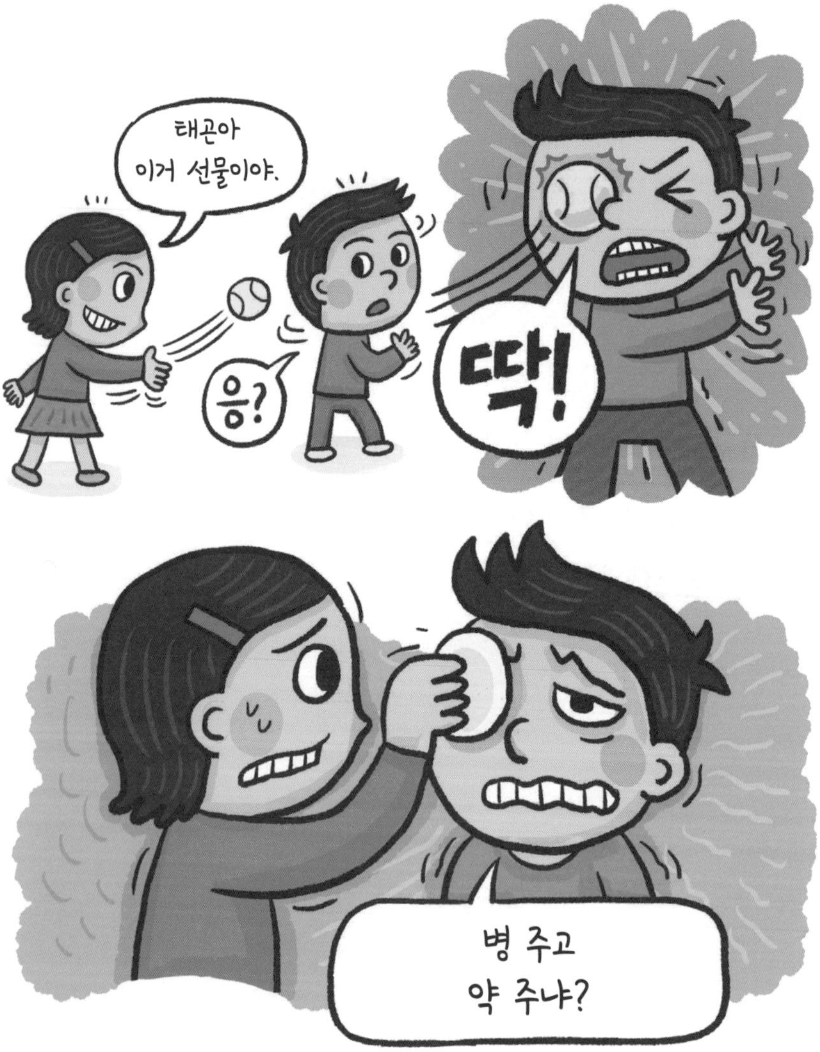
태곤아
이거 선물이야.
응?
딱!
병 주고
약 주냐?

어휘력 꽉잡아

속담에서 보이는 뜻을 생각해 보세요.

병 주고는
병에 걸리게 만든 후라는 뜻입니다.

약 준다는
병이 낫도록 약을 준다는 뜻입니다.

보이는 뜻 '병에 걸리게 만든 후 나을 수 있는 약을 준다' 입니다.

추론력 꽉잡아

속담 속에 숨은 뜻을 생각해 보세요.

병 주고는 다른 사람에게
해를 입히고라는 뜻입니다.

약 준다는
도와준다는 뜻입니다.

숨은 뜻 입니다.

속담 꽉잡아 속담에 대해 자세히 알아봅시다.

병 주고 약 준다는 어떤 사람이 나에게 해를 입힌 후 도와줄 때 쓰는 속담입니다. 여기에는 어떤 마음이 담겨 있을까요? 만약 어떤 사람이 상한 음식을 주어 여러분을 아프게 했습니다. 그래서 배탈이 난 뒤에 먹는 약을 준다면 여러분은 고마움을 느끼겠습니까? 아닐 겁니다. 이 속담은 처음에 병 준 사람을 원망★하는 마음을 담고 있습니다.

★ 원망: 못마땅하게 여기어 탓하거나 불평을 품고 미워함

활용력 꽉잡아 속담을 사용할 수 있는 다양한 상황을 생각해 보세요.

1. 돌을 던져 상처를 나게 한 친구가 연고를 줄 때

2. 다른 사람 앞에서 실컷 놀린 후 마지막에 칭찬할 때

3.

4.

배경지식 꽉잡아

관련된 외국 속담을 알아봅시다.

미국에는 한 손에는 불을 다른 한 손에는 물을 나른다는 속담이 있습니다. 불은 뜨겁고 물은 차갑습니다. 불은 다른 물건을 타게 만들지만 물은 그런 불을 끕니다. 이처럼 불과 물은 정반대의 성질을 가지고 있습니다. 그래서 이 속담은 서로 상반★된 생각과 태도를 동시에 보일 때 쓰는 표현입니다.

★ 상반: 서로 반대되거나 어긋남

창의력 꽉잡아

속담을 조금 바꿔 나만의 속담을 만들어 보세요.

예 시 밥 주고 약 준다.

뜻 도와주고 또 도와준다.

나만의 속담

뜻

불난 집에 부채질

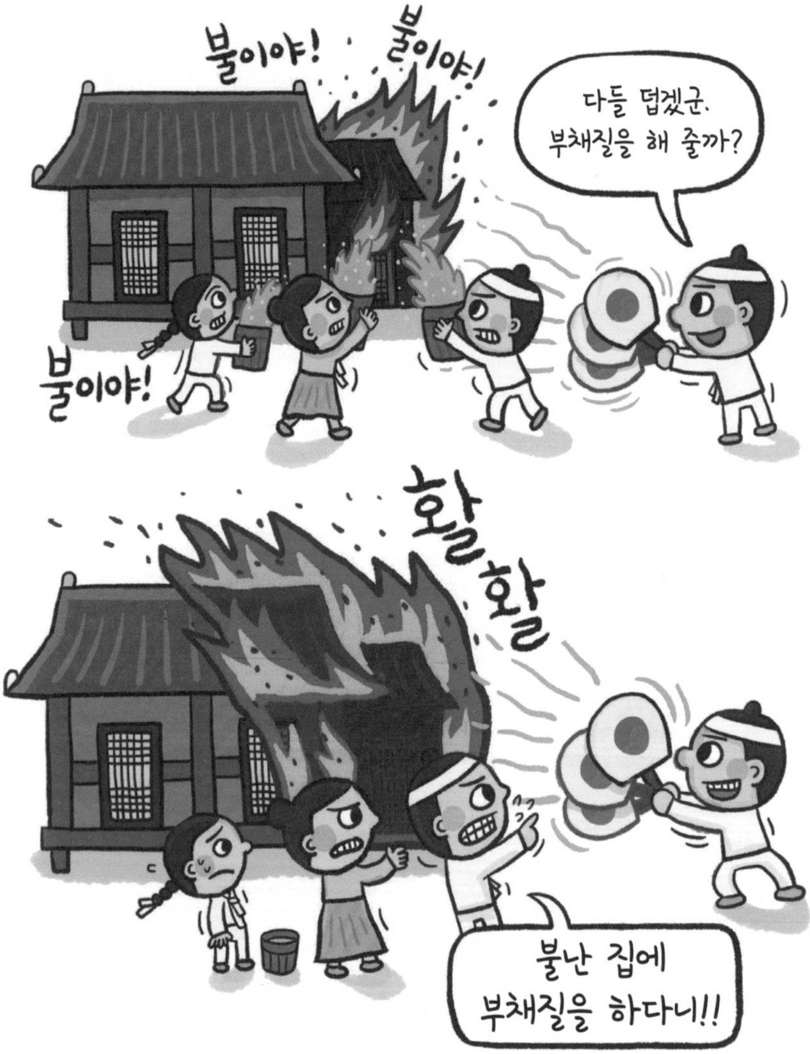
불이야!
불이야!
다들 덥겠군.
부채질을 해 줄까?
불이야!
활활
불난 집에
부채질을 하다니!!

어휘력 짝잡아

속담에서 보이는 뜻을 생각해 보세요.

불난 집은
불이 붙어서 타고 있는 집을 뜻합니다.

부채질은 부채를 흔들어
바람을 일으킨다는 뜻입니다.

보이는 뜻

'불이 붙어서 타고 있는 집을 향해
부채를 흔들어 바람을 일으킨다' 입니다.

추론력 짝잡아

속담 속에 숨은 뜻을 생각해 보세요.

불난 집은
나쁜 상황을 뜻합니다.

부채질은
더욱 나쁘게 한다는 뜻입니다.

숨은 뜻

입니다.

속담 꽉잡아 속담에 대해 자세히 알아봅시다.

불이 타려면 불이 붙을 수 있는 물건과 함께 공기가 필요합니다. 공기가 없으면 불이 타다가 꺼지게 됩니다. 그래서 아궁이★에 불을 지필 때는 불을 놓은 후 입김을 불거나 부채질을 하곤 하지요. 만약 불난 집에 부채질을 하면 어떻게 될까요? 불이 더 커져 피해도 더욱 커지겠죠? 그래서 이 속담은 나쁜 상황을 더욱 나쁘게 한다는 의미로 쓰입니다.

★ 아궁이: 방이나 솥 따위에 불을 때기 위하여 만든 구멍

활용력 꽉잡아 속담을 사용할 수 있는 다양한 상황을 생각해 보세요.

1. 화가 난 친구를 놀려서 더욱 화가 나게 한다.

2. 늦어서 서두르는 친구를 못 가게 붙잡아서 더 늦게 만든다.

3.

4.

배경지식 꽉잡아

관련된 외국 속담을 알아봅시다.

영국에는 상처에 소금을 문지른다는 표현이 있습니다. 무슨 뜻일까요? 넘어지거나 다쳐서 상처에 약을 발라본 경험을 떠올려 보세요. 매우 따갑고 쓰라렸을 겁니다. 마찬가지로 상처가 나 벗겨진 피부에 소금을 가져다 대면 엄청난 통증★을 느낄 수 있죠. 그래서 이 속담은 문제를 더 심각하게 만든다는 의미로 쓰입니다.

★ 통증: 아픈 증세

창의력 꽉잡아

속담을 조금 바꿔 나만의 속담을 만들어 보세요.

예시 한여름 에 보일러 틀기

뜻 문제를 더욱 심각하게 만든다.

나만의 속담

뜻

서투른 목수가 연장 탓한다

멋진 의자를 만들 테야.
연장이 너무 나빠서 잘 만들 수가 없잖아!
삐거덕
그럼 내가 한 번!
서투른 목수가 연장 탓하는군.

어휘력 꽉잡아 속담에서 보이는 뜻을 생각해 보세요.

삐거덕

서투른은 익숙하지 못하여
실력이 부족하다는 뜻이에요.

연장은 어떤 일을 하는 데에 사용하는
도구를 뜻합니다.

보이는 뜻 '실력이 없는 목수가 도구를 원망한다' 입니다.

추론력 꽉잡아 속담 속에 숨은 뜻을 생각해 보세요.

연장이
너무 나빠서
잘 만들 수가
없잖아!
삐거덕

서투른 목수는
실력이 부족한 사람을 뜻합니다.

연장 탓한다는
다른 핑계를 댄다는 뜻입니다.

숨은 뜻 ______ 입니다.

속담 꽉잡아 속담에 대해 자세히 알아봅시다.

실력이 부족한 목수★는 아무리 좋은 연장이 있어도 좋은 가구를 만들지 못합니다. 연장보다 목수의 실력이 더 중요하기 때문입니다. 하지만 스스로 실력이 없다고 인정하고 싶은 사람은 없을 것입니다. 대개 연장이 나빠서 그렇다고 핑계를 대죠. 그래서 서투른 목수가 연장 탓한다는 실력이 부족한 사람이 다른 핑계를 댄다는 뜻입니다.

★ 목수: 나무로 가구나 집을 만드는 직업을 가진 사람

활용력 꽉잡아 속담을 사용할 수 있는 다양한 상황을 생각해 보세요.

1. 축구 실력이 없는 친구가 신발이 나쁘다고 말하는 경우

2. 원래 수학을 못하는 친구가 오늘은 머리가 아파서 그렇다고 말하는 경우

3.

4.

배경지식 꽉잡아

관련된 외국 속담을 알아봅시다.

동부유럽에 살던 유대인들은 이디시Yiddish라는 언어를 사용하였습니다. 이 언어에는 춤을 못 추는 소녀는 밴드가 연주를 못한다며 탓한다는 속담이 있습니다. 밴드는 각종 악기로 음악을 합주★하는 단체인데요. 춤을 못 추는 소녀가 밴드의 연주가 나빠서 자신이 춤을 잘 출 수 없다고 핑계를 대는 것이죠. 역시 실력이 부족한 사람이 다른 핑계를 댄다는 의미입니다.

★ 합주: 두 가지 이상의 악기로 동시에 연주함

창의력 꽉잡아

속담을 조금 바꿔 나만의 속담을 만들어 보세요.

예 시 서투른 [학생이] [엄마] 탓한다.

뜻 공부 못하는 아이들은 꼭 엄마 탓한다.

나만의 속담

뜻

소 뒷걸음질치다 쥐 잡기

저 쥐를 잡아야 하는데 너무 빨라 잡을 수가 없네.
음메. 쥐를 잡는군. 뒤로 비켜 줘야겠다.
윽!
소 뒷걸음질 치다 쥐 잡는다더니!

어휘력 꽉잡아

속담에서 보이는 뜻을 생각해 보세요.

소 뒷걸음질치다는
소가 뒤로 걷다가입니다.

쥐 잡기★는
쥐를 죽인다는 뜻입니다.

보이는 뜻: '소가 뒤로 걷다가 쥐를 죽인다' 입니다.

★ '잡다'에는 동물 따위를 죽인다는 뜻도 있습니다

추론력 꽉잡아

속담 속에 숨은 뜻을 생각해 보세요.

소 뒷걸음질치다는
의도치 않게, 우연히라는 뜻입니다.

쥐 잡기는
어떤 일을 성공시키다는 뜻입니다.

숨은 뜻: 입니다.

속담 꽉잡아 속담에 대해 자세히 알아봅시다.

쥐는 매우 빠른 동물입니다. 쥐약이나 덫이 아니면 도망가는 쥐를 잡기는 힘들죠. 특히 소는 느린 동물이라 쥐를 잡을 수 없습니다. 그래서 소 뒷걸음질치다 쥐 잡기는 다른 행동을 하다가 의도하지 않게 공★을 세웠다는 뜻입니다. 여기서 공을 세웠다는 축구공과 같은 둥근 공을 세웠다는 뜻이 아니라 어떤 일을 성공시키는 데 영향을 끼쳤다는 뜻입니다.

★ 공: 목적을 이루는 데 들인 노력과 수고

활용력 꽉잡아 속담을 사용할 수 있는 다양한 상황을 생각해 보세요.

1. 박수 치다가 모기를 잡았다.

2. 숨바꼭질을 하다 잃어버린 엄마의 반지를 찾았다.

3.

4.

배경지식 꽉잡아

관련된 외국 속담을 알아봅시다.

멕시코에는 모험★하지 않는 이에게 행운은 없다는 속담이 있습니다. 이 속담은 위험을 무릅쓰고 도전하지 않으면 행운이 있을 수 없다는 뜻입니다. 행운은 가만히 앉아 있는데 저절로 찾아오는 것이 아닙니다. 내가 어떤 노력을 할 때 그 과정에서 생기는 것이죠. 여러분도 행운을 바란다면 목표를 세우고 꾸준히 노력해야 합니다.

★ 모험: 위험을 무릅쓰고 어떤 일을 함

창의력 꽉잡아

속담을 조금 바꿔 나만의 속담을 만들어 보세요.

예 시 [철봉에 매달리] 다 [500원 줍기]

뜻 철봉 밑에는 아이들이 흘린 동전이 가끔 있다.

나만의 속담 [ ]

뜻

3주차 복습

1. 다음 빈칸에 들어갈 말을 보기에서 찾아 써 보세요.

보기 뒷걸음질, 병, 백지장, 부채질, 연장

1) [   ] 도 맞들면 낫다

2) [   ] 주고 약 준다

3) 불난 집에 [   ]

4) 서투른 목수가 [   ] 탓한다

5) 소 [   ] 치다 쥐 잡기

2. 다음 뜻을 가진 단어를 보기에서 찾아 써 보세요.

보기 상반, 육체, 공, 협력, 원망, 목수, 통증

1) 구체적인 물체로서 사람의 몸 ➡

2) 힘을 합하여 서로 도움 ➡

3) 못마땅하게 여기어 탓하거나 불평을 품고 미워함 ➡

4) 서로 반대되거나 어긋남 ➡

5) 아픈 증세 ➡

6) 나무로 가구나 집을 만드는 직업을 가진 사람 ➡

7) 목적을 이루는 데 들인 노력과 수고 ➡

3. 다음 속담을 보고 그 뜻으로 알맞은 것을 골라 선으로 연결하세요.

백지장도 맞들면 낫다	아주 쉬운 일도 서로 도우면 더욱 쉽다
병 주고 약 준다	어떤 사람이 나에게 해를 입힌 후 도와줄 때 쓰는 말
불난 집에 부채질	다른 행동을 하다가 의도하지 않게 공을 세웠다
서투른 목수가 연장 탓한다	나쁜 상황을 더욱 나쁘게 한다
소 뒷걸음질 치다 쥐 잡기	실력이 부족한 사람이 다른 핑계를 댄다

4. 다음 속담과 그 뜻을 읽고 이에 대한 여러분의 생각을 글로 써 보세요.

서투른 목수가 연장 탓한다

실력이 부족한 사람이
다른 핑계를 댄다

속담왕

4주차

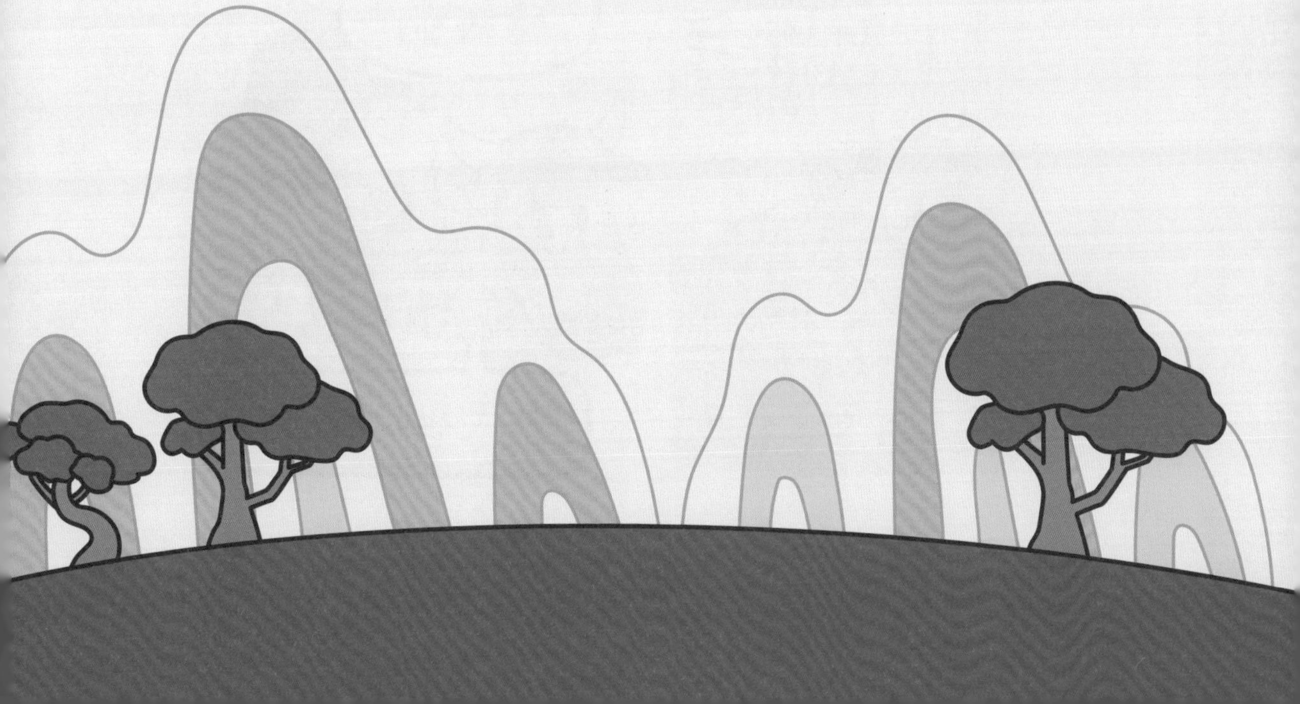

쇠뿔도 단김에 빼라

쇠뿔을 뽑아서 멋진 작품을 만들어야지!
띠리링 띠리링
응? 전화가 왔네.
여보세요? 네, 네 어쩌구~ 저쩌구~
앗 뿔이 다 식어서 뽑을 수가 없네.
쇠뿔도 단김에 빼라니까!

어휘력 꽉잡아

속담에서 보이는 뜻을 생각해 보세요.

쇠뿔은
소의 뿔을 뜻합니다.

단김에는 열기가 식지 않아
뜨거울 때라는 뜻입니다.

보이는 뜻

'소의 뿔은 열기가 뜨거울 때 빼라' 입니다.

추론력 꽉잡아

속담 속에 숨은 뜻을 생각해 보세요.

쇠뿔은
어떤 일을 뜻합니다.

단김에 빼라는
마음 먹었을 때 하라는 뜻입니다.

숨은 뜻

입니다.

속담 꽉잡아

속담에 대해 자세히 알아봅시다.

쇠뿔에 사람이 치이면 크게 다칠 수도 있고, 다양한 공예품★도 만들 수 있어 쇠뿔을 뽑는 경우가 간혹 있습니다. 쇠뿔은 생각보다 쉽게 뽑히는데요. 바로 뿔의 뿌리 부분을 인두로 뜨겁게 달군 후 잡아당기면 됩니다. 그래서 쇠뿔도 단김에 빼라는 쇠뿔 뿌리를 뜨겁게 달구어 둔 김에 빼라는 말로 어떤 일을 하려고 생각했으면 망설이지 말고 시작하라는 의미입니다.

★ 공예품: 실용적이면서 예술적 가치가 있는 물품

활용력 꽉잡아

속담을 사용할 수 있는 다양한 상황을 생각해 보세요.

1. 공부를 하려면 내일이 아닌 오늘부터 바로 하라고 말할 때

2. 가족 여행을 계획하는데 다음 주에 바로 가자고 설득할 때

3.

4.

배경지식 꽉잡아 관련된 외국 속담을 알아봅시다.

대장장이는 쇠를 이용해 칼이나 도끼같은 연장을 만드는 사람입니다. 쇠★는 매우 단단해서 모양이 잘 변하지 않는데 대장장이는 어떻게 이런 쇠를 구부릴까요? 비밀은 바로 불에 있습니다. 쇠는 뜨겁게 달구면 부드러워지는데 이때 두드려서 모양을 바꾸는 것이지요. 그래서 쇠는 뜨거울 때 두드리라는 미국 속담은 꾸물대면 쇠가 식어 버릴 테니 때가 왔을 때 빠르게 행동하라는 의미로 사용됩니다.

★ 쇠: 철이라는 금속을 일상적으로 부르는 말

창의력 꽉잡아 속담을 조금 바꿔 나만의 속담을 만들어 보세요.

예 시 [아이스크림] 은 단숨에 [먹어라.]

뜻 꾸물대다 보면 녹아서 흘러내린다.

나만의 속담 [ ]

뜻

수박 겉핥기

아우 너무 더워!
헥헥
앗!! 수박이다!!
칼이 없는데 어떻게 해야 하지?
에잇 모르겠다. 겉이라도 핥아 보자!
헐!
수박 겉핥기 하니?
퉤퉤퉤

어휘력 꽉잡아

속담에서 보이는 뜻을 생각해 보세요.

겉은 물체의
바깥 부분을 뜻합니다.

핥기는 혀가 물체의 겉면에
살짝 닿으면서 지나간다는 뜻입니다.

보이는 뜻

'수박의 바깥 부분을 혀로 핥는다' 입니다.

추론력 꽉잡아

속담 속에 숨은 뜻을 생각해 보세요.

수박은
어떤 대상을 뜻합니다.

겉핥기는 내용은 모르고
겉만 건드린다는 뜻입니다.

숨은 뜻

입니다.

속담 꽉잡아 속담에 대해 자세히 알아봅시다.

우리는 수박을 먹을 때 수박 안의 빨간 과육★은 먹고 바깥의 초록색 껍질은 버립니다. 왜냐하면 과육은 맛있지만 껍질은 맛이 없기 때문입니다. 그런데 만약 어떤 사람이 수박의 껍질을 핥는다면 수박의 진짜 맛을 느낄 수 있을까요? 절대 없을 겁니다. 그래서 수박 겉핥기는 어떤 대상의 내용은 모르고 겉만 건드린다는 뜻입니다.

★ 과육: 과일에서 사람들이 주로 먹는 부분

활용력 꽉잡아 속담을 사용할 수 있는 다양한 상황을 생각해 보세요.

1. 책을 제대로 읽지 않고 대충 넘겨보기만 할 때

2. 공부하는데 스스로 생각하지 않고 대충 답만 보고 베낄 때

3.

4.

배경지식 꽉잡아

관련된 외국 속담을 알아봅시다.

터키에는 두 개의 수박을 한 손으로 들 수는 없다는 속담이 있습니다. 수박은 한 개에 6~9kg 내외로 매우 큰 과일입니다. 그래서 어른들조차 두 손으로 잔뜩 힘을 주어야 들 수 있습니다. 두 손으로 들어도 무거운 수박을 한 손으로 들 수는 없겠죠. 그래서 이는 크고 중대★한 일을 대충해서 성공할 수는 없다는 의미를 담고 있습니다.

★ 중대: 가볍게 여길 수 없을 만큼 매우 중요하고 큼

창의력 꽉잡아

속담을 조금 바꿔 나만의 속담을 만들어 보세요.

예 시 수박 | 속 | 먹기 |

뜻 어떤 일에서 가장 좋은 점을 가진다.

나만의 속담

뜻

아랫돌 빼서 윗돌 괴기

성벽을 더 높게 쌓아 올려라!!
돌이 없사옵니다.
어떻게든 돌을 구해오너라.
오오! 돌을 어디서 구해왔느냐?
워태 워태
헉!! 아랫돌 빼서 윗돌을 괴기냐?

어휘력 꽉잡아

속담에서 보이는 뜻을 생각해 보세요.

아랫돌은
아래에 있는 돌을 뜻합니다.

괴다는 쓰러지지 않도록
아래를 받치다는 뜻입니다.

보이는 뜻: '아래에 있는 돌을 빼서 위에 있는 돌을 받친다' 입니다.

추론력 꽉잡아

속담 속에 숨은 뜻을 생각해 보세요.

아랫돌 빼서는
임시방편으로라는 뜻입니다.

윗돌 괴기는
당장 급한 일을 처리한다는 뜻입니다.

숨은 뜻: 입니다.

속담 꽉잡아 속담에 대해 자세히 알아봅시다.

돌로 쌓은 성을 상상해 보세요. 성벽을 더 높이 쌓아야 하는데 돌이 부족합니다. 이럴 때 만약 아래에 있는 돌을 빼서 위로 쌓아 올린다면 어떻게 될까요? 돌이 서로 물고 물려 있어 당장은 문제가 없을 수도 있습니다. 하지만 시간이 지나면 그 무게를 이기지 못해 무너지게 되겠죠. 그래서 아랫돌 빼서 윗돌 괴기는 임시방편★으로 당장 급한 일을 처리한다는 의미입니다.

★ 임시방편: 갑자기 터진 일을 우선 간단하게 둘러맞추어 처리함

활용력 꽉잡아 속담을 사용할 수 있는 다양한 상황을 생각해 보세요.

1. 친구에게 빌린 돈을 갚기 위해 다른 친구에게 또 돈을 빌리는 경우

2. 엄마에게 혼나지 않으려고 더 큰 거짓말을 하는 경우

3.

4.

배경지식 꽉잡아

관련된 외국 속담을 알아봅시다.

네덜란드에는 큰 틈은 작은 돌로 메울★ 수 있다는 속담이 있습니다. 성벽에 큰 틈이 벌어졌을 때 이 틈을 한 번에 완벽하게 메울 수는 없습니다. 틈이 벌어진 모양과 크기에 똑같은 돌은 세상에 없을 테니까요. 이럴 때는 작은 돌을 이용해 차근차근 틈을 메워가야 합니다. 그래서 이 속담은 큰 목표는 한 번에 이루려 하지 말고 차근차근 이루어 나가라는 의미입니다.

★ 메우다: 비어 있는 곳을 막거나 채우다

창의력 꽉잡아

속담을 조금 바꿔 나만의 속담을 만들어 보세요.

예 시 | 아랫니 | 빼서 | 윗니로 쓰기

뜻 제대로 된 방법이 아닌 잘못된 해결책을 사용한다.

나만의 속담

뜻

오르지 못할 나무는 쳐다보지도 마라

원숭이 좀 봐봐! 멋지다!
나도 해 봐야지!
우린 원숭이가 아니야. 그리고 저 나무는 너무 높아.
아니야! 난 할 수 있어!
미끌!
콰당
오르지 못할 나무 쳐다보지도 말라고 했거늘!

어휘력 꽉잡아

속담에서 보이는 뜻을 생각해 보세요.

오르지 못할 나무는
올라갈 수 없는 나무를 뜻합니다.

쳐다보다는
위를 향하여 올려보다는 뜻입니다.

보이는 뜻

'올라갈 수 없는 나무는 올려다보지도 마라' 입니다.

추론력 꽉잡아

속담 속에 숨은 뜻을 생각해 보세요.

오르지 못할 나무는
내 능력으로 불가능한 일을 뜻합니다.

쳐다보지도 마라는
처음부터 욕심을 내지 마라는 뜻입니다.

숨은 뜻

입니다.

속담 꽉잡아 속담에 대해 자세히 알아봅시다.

오르지 못할 나무는 쳐다보지도 마라는 속담은 내 능력으로 불가능★한 일은 처음부터 욕심을 내지 마라는 뜻입니다. 너무 어려워서 도저히 내 능력으로 불가능한 일에 욕심내면 고생만 하고 아무것도 얻을 수 없기 때문입니다. 이는 어려운 일을 무작정 포기하라는 뜻은 아닙니다. 어려운 일은 도전해야 합니다. 다만 아예 불가능한 일에 힘을 쓰지 말라는 의미입니다.

★ 불가능: 가능하지 않음

활용력 꽉잡아 속담을 사용할 수 있는 다양한 상황을 생각해 보세요.

1. 대학생 형과 팔씨름을 해서 이기겠다는 유치원생에게

2. 타임머신을 만들어 과거로 가겠다는 친구에게

3.

4.

배경지식 꽉잡아

관련된 외국 속담을 알아봅시다.

러시아에는 노력하지 않으면 연못에서도 물고기를 잡을 수 없다는 속담이 있습니다. 연못에는 물고기가 있습니다. 그러니 낚시를 하면 물고기를 잡을 수 있겠죠. 하지만 연못에 물고기가 있다고 낚시를 하지도 않는데 절로 물고기가 잡히지는 않습니다. 그래서 이 속담은 원하는 것을 얻으려면 그에 걸맞는★ 노력을 해야 한다는 의미입니다.

★ 걸맞다: 두 편을 견주어 볼 때 서로 어울릴 만큼 비슷하다

창의력 꽉잡아

속담을 조금 바꿔 나만의 속담을 만들어 보세요.

예 시 오르지 못할 나무라도 | 쳐다볼 수는 있다. |

뜻 할 수 없는 일이라도 관심을 가질 수는 있다.

나만의 속담

뜻

우는 아이 젖 준다

아 배고파. 어떻게 해야 하지?
아 배고파. 엄마가 바쁜가 보네. 좀 더 기다려 봐야겠다.
배고파.
우엥
우리 아기 배고파요?
역시 우는 아이 젖 준다니까! ㅎㅎ
쪽쪽
힝…

어휘력 꽉잡아

속담에서 보이는 뜻을 생각해 보세요.

우는 아이는
눈물을 흘리는 아이를 뜻합니다.

젖 준다는 어미가 새끼에게
젖을 먹인다는 뜻입니다.

보이는 뜻 '눈물 흘리는 아이에게 어미가 젖을 먹인다' 입니다.

추론력 꽉잡아

속담 속에 숨은 뜻을 생각해 보세요.

우는 아이는
표현하고 노력하는 사람을 뜻합니다.

젖 준다는
원하는 것을 얻는다는 뜻입니다.

숨은 뜻 ______ 입니다.

속담 꽉잡아 속담에 대해 자세히 알아봅시다.

아기는 말을 할 줄 몰라요. 그래서 모든 욕구★를 울음으로 표현합니다. 배가 고파도 울고, 졸려도 울고, 불편해도 울어요. 그래서 아기가 울면 엄마는 아기가 무언가를 원하는 게 있구나하고 눈치를 채지요. 만약 아기가 울지 않으면 지금은 아무것도 원하는 게 없고 편안하구나라고 생각해요. 그래서 우는 아이 젖 준다는 표현하고 노력하는 사람이 원하는 것을 얻는다는 뜻입니다.

★ 욕구: 무엇을 얻거나 무슨 일을 하고자 바라는 일

활용력 꽉잡아 속담을 사용할 수 있는 다양한 상황을 생각해 보세요.

1. 많이 아픈데 선생님께 말씀도 안 드리고 가만히 있는 친구에게

2. 무엇을 먹고 싶은지 말을 안 해서 매일 언니가 원하는 것만 먹을 때

3.

4.

배경지식 꽉잡아

관련된 외국 속담을 알아봅시다.

호주에는 삐걱대는 바퀴가 기름칠을 받는다는 속담이 있어요. 문을 여닫을 때도 들을 수 있는 이런 삐걱대는 소리는 맞닿는 부분이 서로 부딪히기 때문에 납니다. 윤활유를 뿌려 주면 이런 소리를 손쉽게 없앨 수 있습니다. 그런데 삐걱대는 소리가 나지도 않는데 굳이 윤활유★를 뿌리는 사람은 없을 겁니다. 그래서 이 속담 역시 원하는 것이 있다면 표현해야 얻을 수 있다는 의미입니다.

★ 윤활유: 기계가 맞닿는 부분의 마찰을 줄이기 위하여 쓰는 기름

창의력 꽉잡아

속담을 조금 바꿔 나만의 속담을 만들어 보세요.

예 시 우는 아이 | 머리 아프다. |

뜻 한참 울고 나면 머리가 아프다.

나만의 속담

뜻

4주 차 복습

1. 다음 빈칸에 들어갈 말을 보기에서 찾아 써 보세요.

보기 나무, 쇠뿔, 젖 준다, 아랫돌, 수박

1) [　　　　] 도 단김에 빼라

2) [　　　　] 겉핥기

3) [　　　　] 빼서 윗돌 괴기

4) 오르지 못할 [　　　　] 는 쳐다보지도 마라

5) 우는 아이 [　　　　]

2. 다음 뜻을 가진 단어를 보기에서 찾아 써 보세요.

보기 공예품, 불가능, 중대, 임시방편, 욕구, 과육, 걸맞다

1) 실용적이면서 예술적 가치가 있는 물품 ➡

2) 과일에서 사람들이 주로 먹는 부분 ➡

3) 가볍게 여길 수 없을 만큼 매우 중요하고 큼 ➡

4) 갑자기 터진 일을 우선 간단하게 둘러맞추어 처리함 ➡

5) 가능하지 않음 ➡

6) 두 편을 견주어 볼 때 서로 어울릴 만큼 비슷하다 ➡

7) 무엇을 얻거나 무슨 일을 하고자 바라는 일 ➡

3. 다음 속담을 보고 그 뜻으로 알맞은 것을 골라 선으로 연결하세요.

쇠뿔도 단김에 빼라	어떤 대상의 내용은 모르고 겉만 건드린다
수박 겉핥기	어떤 일을 하려고 생각했으면 망설이지 말고 시작하라
아랫돌 빼서 윗돌 괴기	표현하고 노력하는 사람이 원하는 것을 얻는다
오르지 못할 나무는 쳐다보지도 마라	내 능력으로 불가능한 일은 처음부터 욕심을 내지 마라
우는 아이 젖 준다	임시방편으로 당장 급한 일을 처리한다

4. 다음 속담과 그 뜻을 읽고 이에 대한 여러분의 생각을 글로 써 보세요.

오르지 못할 나무는 쳐다보지도 마라

내 능력으로 불가능한 일은 처음부터 욕심을 내지 마라

속담왕

5주차

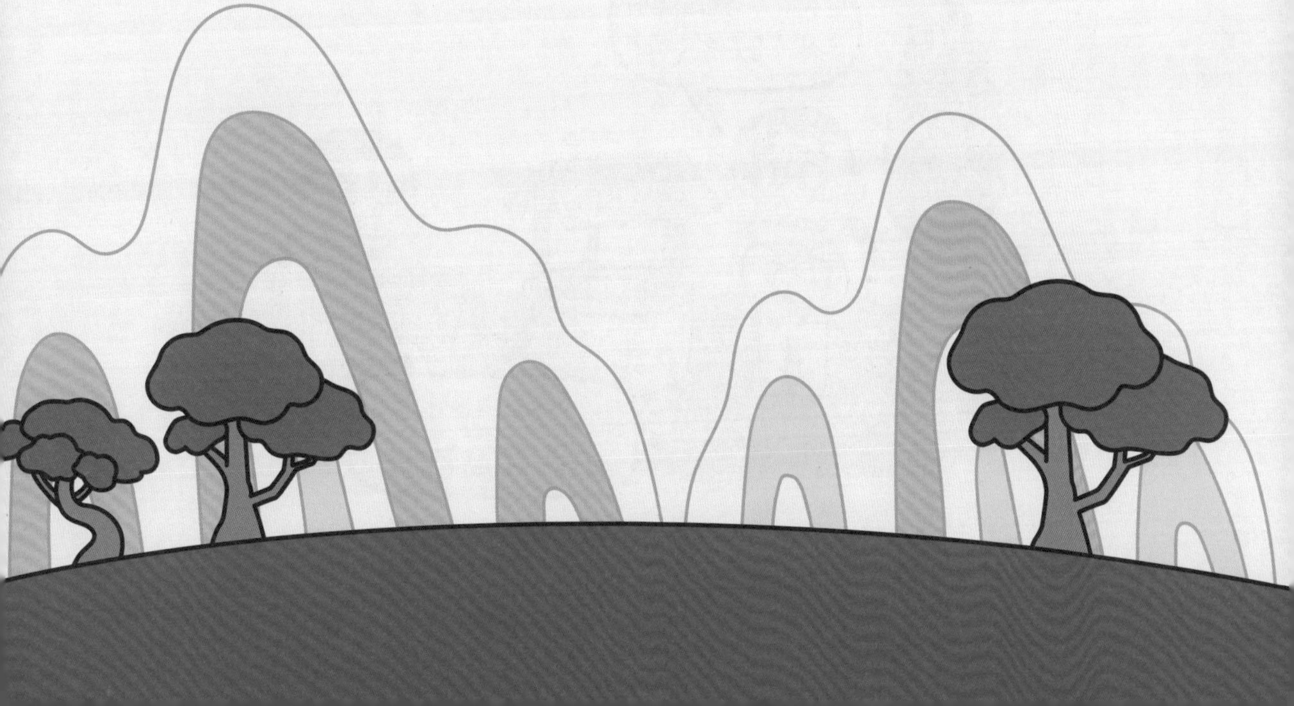

우물에 가서 숭늉 찾는다

목이 말라.
저기 우물이야!
아! 시원하다.
벌컥벌컥
……
나는 숭늉 좋아하는데 혹시 숭늉은 없을까?
우물 가서 숭늉 찾는다더니.

어휘력 꽉잡아

속담에서 보이는 뜻을 생각해 보세요.

우물에 가서는
우물에 물 뜨러 가서라는 뜻입니다.

혹시 숭늉은 없을까?

숭늉 찾는다는
숭늉을 구하려 한다는 뜻입니다.

보이는 뜻: '우물에 물 뜨러 가서 숭늉을 구하려 한다' 입니다.

추론력 꽉잡아

속담 속에 숨은 뜻을 생각해 보세요.

우물에 가서는
일을 시작하는 단계에서라는 뜻입니다.

숭늉 찾는다는
성급하게 재촉한다는 뜻입니다.

숨은 뜻: 입니다.

속담 꽉잡아 속담에 대해 자세히 알아봅시다.

구수하고 맛있는 숭늉은 밥을 지은 솥에 물을 붓고 데운 물입니다. 수도★가 없던 옛날 사람들이 숭늉을 먹으려면 먼저 우물에 가서 물을 길어 와야 합니다. 그리고 밥을 지은 후 거기에 물을 붓고 끓여야 하는 거죠. 그러니 우물에서 숭늉을 찾는다는 속담은 일의 순서에 맞지 않게 성급하게 재촉한다는 의미입니다.

★ 수도: 관을 통하여 물을 보내 주는 설비

활용력 꽉잡아 속담을 사용할 수 있는 다양한 상황을 생각해 보세요.

1. 씨앗을 심자마자 싹이 언제 나오는지 본다며 기다리고 있는 경우

2. 키 크는 약을 먹자마자 얼마나 컸는지 키를 재어 보는 경우

3.

4.

배경지식 꽉잡아 관련된 외국 속담을 알아봅시다.

프랑스에는 계란을 깨지 않고 오믈렛을 만들 수는 없다는 속담이 있어요. 오믈렛은 계란 2~3개를 이용해 부치★는 프랑스 요리인데요. 그러다보니 오믈렛을 만들려면 반드시 계란을 깨야 합니다. 계란이 깨지면 번거롭고 흰자가 옷에 묻을 수도 있지만 어쩔 수 없습니다. 그래서 이 속담은 중요한 일을 하다 보면 사소한 문제가 발생하기 마련이다라는 뜻입니다.

★ 부치다: 프라이팬에 기름을 바르고 음식을 익혀서 만들다

창의력 꽉잡아 속담을 조금 바꿔 나만의 속담을 만들어 보세요.

예 시 | 바다에 가서 나무 | 찾는다.

뜻 있을 수 없는 곳에서 엉뚱한 것을 희망한다.

나만의 속담

뜻

원님 덕에 나발 분다

나도 나발 한 번 불어보고 싶다.
나는 언제 나발 한 번 불어보나?
여보게, 이번에 원님이 새로 오는데 자네가 나발을 불어보게.
야호
원님 덕에 나발 부는구나!

어휘력 꽉잡아

속담에서 보이는 뜻을 생각해 보세요.

원님 덕에는 고을을 다스리는 원님 덕분에라는 뜻입니다.

나발 분다는 나발이라는 악기를 연주한다는 뜻입니다.

보이는 뜻 ‘고을 원님 덕분에 나발을 연주한다’ 입니다.

추론력 꽉잡아

속담 속에 숨은 뜻을 생각해 보세요.

원님 덕에는 다른 사람 덕분에라는 뜻입니다.

나발 분다는 뜻밖의 호강★을 한다는 뜻입니다.

숨은 뜻 입니다.

★ 호강: 호화롭고 편안한 삶을 누림

속담
꽉잡아

속담에 대해 자세히 알아봅시다.

원님은 고려, 조선 시대에 고을을 다스리던 관리입니다. 마을에 새로운 원님이 부임★하면 나발이라는 악기를 불어 이를 사람들에게 알렸습니다. 평소에는 나발 불 일이 없다가 원님이 오는 덕분에 불 수 있게 되는 거죠. 그래서 원님 덕에 나발 분다는 다른 사람 덕분에 뜻밖의 호강을 한다는 의미입니다.

★ 부임: 어떤 일을 할 임무를 받아 근무할 곳으로 감

활용력
꽉잡아

속담을 사용할 수 있는 다양한 상황을 생각해 보세요.

1. 친구가 생일 파티를 해서 맛있는 음식을 많이 먹었을 때

2. 아빠가 승진을 해서 내 용돈도 올려 주셨을 때

3.

4.

배경지식 꽉잡아 관련된 외국 속담을 알아봅시다.

덴마크에는 행운은 문 앞에 서서 신중★함이 있는지 묻는다는 속담이 있습니다. 무슨 뜻일까요? 행운이 당신의 집으로 찾아왔습니다. 그런데 그냥 들어오지 않고 묻습니다. 집 안에 혹시 신중함이 있는지요. 신중함이 있으면 들어오고 신중함이 없으면 돌아가려고 합니다. 그래서 이 속담은 행운을 바란다면 신중하게 행동하라는 의미입니다.

★ 신중: 매우 조심스러움

창의력 꽉잡아 속담을 조금 바꿔 나만의 속담을 만들어 보세요.

예 시 폭설 덕에 학교 안 간다.

뜻 때로는 나쁜 일로 도움을 받기도 한다.

나만의 속담

뜻

작은 고추가 맵다

쪼그만한 게 확!!!
흥, 팔씨름으로 누가 센지 겨뤄보자.
민규랑 승호랑 팔씨름한대.
누가 이길까?
당연히 덩치 큰 민규지!
나도
나도
작은 고추가 맵다더니!

어휘력 꽉잡아 속담에서 보이는 뜻을 생각해 보세요.

작은 고추는
크기가 작은 고추를 뜻합니다.

맵다는
맛이 맵다는 뜻입니다.

보이는 뜻

'크기가 작은 고추가 맛이 더 맵다' 입니다.

추론력 꽉잡아 속담 속에 숨은 뜻을 생각해 보세요.

작은 고추는
몸집이 작은 사람을 뜻합니다.

맵다는 능력이 있으니
무시하지 마라는 뜻입니다.

숨은 뜻

입니다.

속담 꽉잡아 속담에 대해 자세히 알아봅시다.

고추가 매운맛이 나는 이유는 캡사이신 때문입니다. 고추가 크면 캡사이신이 많아서 더 매울 것 같은데 그렇지 않습니다. 크기가 큰 오이고추는 맵지 않고 크기가 작은 청량고추가 훨씬 맵죠. 작은 고추가 맵다는 몸집이 작은 사람도 능력이 있으니 무시하지 마라는 의미입니다. 그렇다고 몸집이 큰 사람은 능력이 없다는 뜻은 아닙니다. 다만 각자가 가진 능력이 있으니 외형★으로 무시하지 말라는 의미입니다.

★ 외형: 사물의 겉모양

활용력 꽉잡아 속담을 사용할 수 있는 다양한 상황을 생각해 보세요.

1. 키가 작은 친구가 농구를 더 잘할 때

2. 덩치가 작은 친구가 덩치 큰 친구와의 시합에서 이길 때

3.

4.

배경지식 꽉잡아

관련된 외국 속담을 알아봅시다.

미국에는 표지만 보고 책을 판단하지 마라는 속담이 있습니다. 예쁘게 포장된 선물과 예쁘지 않게 포장된 선물이 있습니다. 어느 선물을 받고 싶나요? 누구나 예쁘게 포장된 선물을 받고 싶어할 것입니다. 하지만 거기에 더 좋은 선물이 들었을 거라고 확신★할 수는 없습니다. 예쁘지 않게 포장된 선물이 실제로는 더 좋은 선물일 수도 있는 거죠. 그래서 이 속담은 겉만 보고 성급하게 속을 판단하지 마라는 의미입니다.

★ 확신: 굳게 믿음

창의력 꽉잡아

속담을 조금 바꿔 나만의 속담을 만들어 보세요.

예 시 작은 [자동차가] 더 [빠르다.]

뜻 몸집이 작으면 더 유리할 때도 많다.

나만의 속담 [　　　　]

뜻

장님 코끼리 만지기

음, 코끼리는 나무처럼 생겼군.
음, 코끼리는 벽처럼 생겼군.
음, 코끼리는 뱀처럼 생겼군.
장님 코끼리 만지기라더니!

어휘력 꽉잡아

속담에서 보이는 뜻을 생각해 보세요.

장님★은
앞을 보지 못하는 사람입니다.

코끼리 만지기는
코끼리를 만지는 일을 말합니다.

↘ ↙

보이는 뜻

'시각장애인이 코끼리를 만지는 일' 입니다.

★ 장님은 상대를 낮추어 부르는 말로 시각장애인이 올바른 표현입니다

추론력 꽉잡아

속담 속에 숨은 뜻을 생각해 보세요.

장님은 전체를 제대로
보지 못하는 사람을 뜻합니다.

코끼리 만지기는
일부만 보는 상황을 뜻합니다.

↘ ↙

숨은 뜻

입니다.

속담 꽉잡아 속담에 대해 자세히 알아봅시다.

코끼리를 한 번도 본 적 없는 시각장애인이 있습니다. 이들이 코끼리의 각기 다른 신체 부위★를 만져 본다면 코끼리가 어떻게 생겼다고 생각할까요? 귀를 만진 사람은 부채, 꼬리를 만진 사람은 밧줄, 상아를 만진 사람은 창처럼 생겼다고 생각할 겁니다. 그래서 장님 코끼리 만지기는 전체를 제대로 보지 못하고 자기가 아는 것이 전부라고 생각한다는 의미입니다.

★ 부위: 전체에 대한 특정 부분

활용력 꽉잡아 속담을 사용할 수 있는 다양한 상황을 생각해 보세요.

1. 이제 겨우 뺄셈을 배운 후 수학을 다 아는 척하는 동생에게

2. 처음 만나서 잠깐 논 친구에 대해 다 아는 척할 때

3.

4.

배경지식 꽉잡아

관련된 외국 속담을 알아봅시다.

프랑스에는 어리석은★ 짓을 한 적이 없다면 아주 똑똑할 수는 없다는 속담이 있습니다. 똑똑한 사람은 어리석은 짓을 하지 않을 것 같습니다. 하지만 사람은 실수를 통해 배웁니다. 그래서 실수하지 않으면 그만큼 배운 것이 적을 수밖에 없습니다. 그래서 이 속담은 사람은 실수를 통해 배우니 실수를 두려워하지 말라는 의미입니다.

★ 어리석다: 슬기롭지 못하고 둔하다

창의력 꽉잡아

속담을 조금 바꿔 나만의 속담을 만들어 보세요.

예 시 | 갓난아기 | 컴퓨터 | 만지기

뜻 전혀 알지 못하면서 아무렇게나 한다.

나만의 속담

뜻

재주는 곰이 넘고 돈은 주인이 받는다

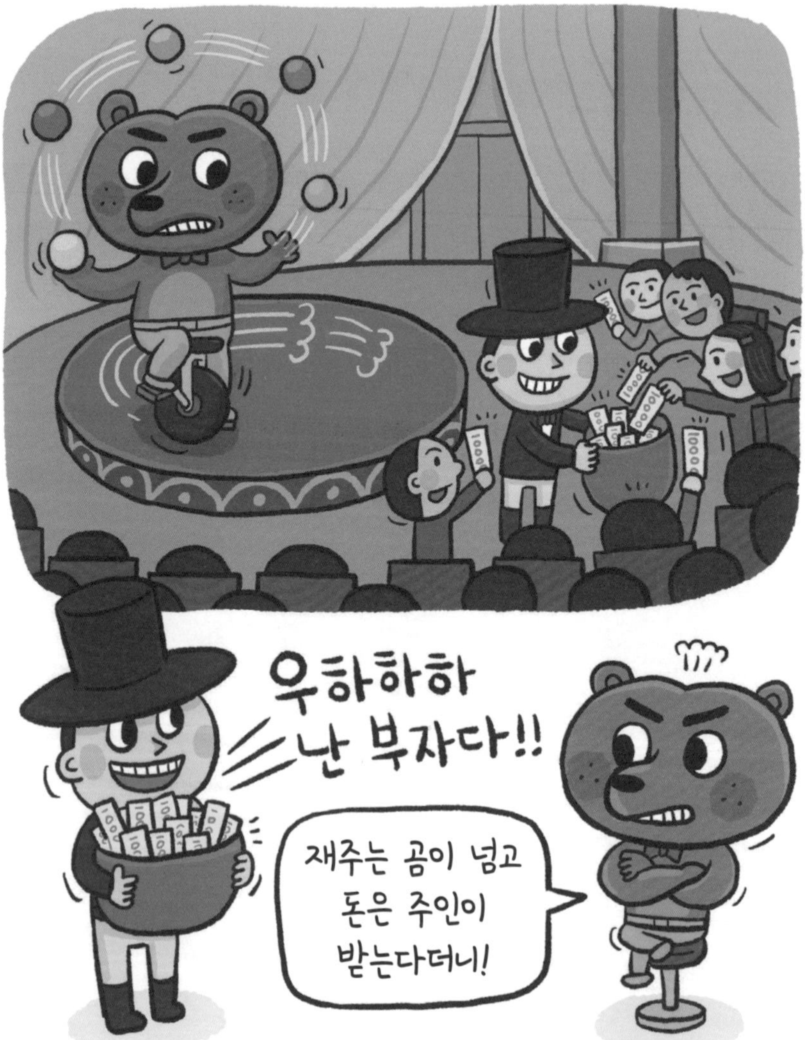
우하하하
난 부자다!!
재주는 곰이 넘고 돈은 주인이 받는다더니!

어휘력 꽉잡아

속담에서 보이는 뜻을 생각해 보세요.

재주는 곰이 넘고는
곰이 재주를 부리고★라는 뜻입니다.

주인은 대상이나 물건 따위를
소유한 사람을 말합니다.

보이는 뜻 '재주를 부리는 것은 곰이지만 돈을 받는 것은 주인이다' 입니다.

★ 재주부리다: 묘한 기술이나 솜씨를 보인다

추론력 꽉잡아

속담 속에 숨은 뜻을 생각해 보세요.

재주는 곰이 넘고는
일을 하는 사람을 뜻합니다.

돈은 주인이 받는다는
이득을 보는 사람을 뜻합니다.

숨은 뜻 　　　　　　입니다.

속담 꽉잡아

속담에 대해 자세히 알아봅시다.

곰의 재주를 보러 서커스에 가면 입장료★를 받습니다. 입장료는 곰이 아닌 곰의 주인이 받지요. 실제로 재주를 부리고 일하는 것은 곰인데 돈을 버는 사람은 곰 주인인 겁니다. 곰 입장에서는 억울하지 않을까요? 그래서 재주는 곰이 넘고 돈은 주인이 받는다는 노력의 결과로 전혀 다른 사람이 이득을 본다는 의미입니다.

★ 입장료: 어딘가로 들어가기 위하여 내는 요금

활용력 꽉잡아

속담을 사용할 수 있는 다양한 상황을 생각해 보세요.

1. 내가 다친 친구를 도와줬는데 다른 친구가 칭찬받을 때

2. 나 혼자 청소했는데 용돈은 동생도 똑같이 받을 때

3.

4.

배경지식 꽉잡아

관련된 외국 속담을 알아봅시다.

미국에는 한 사람이 덤불★을 치면 다른 사람이 새를 잡는다는 속담이 있습니다. 덤불을 흔들고 치려면 나뭇가지에 긁히는 등 많은 힘이 들 겁니다. 그런데 옆에서 가만히 구경하던 사람이 총으로 이 새를 쉽게 잡는다면 어떨까요? 이 속담 역시 고생하는 사람 따로 이득 보는 사람 따로 있다는 의미입니다.

★ 덤불: 어수선하게 엉클어진 수풀

창의력 꽉잡아

속담을 조금 바꿔 나만의 속담을 만들어 보세요.

예시 청소 는 내가 하고 , 용돈 은 같이 받는다.

뜻 아무 것도 안 하고 같이 용돈 받는 동생이 밉상이다.

나만의 속담

뜻

5주차 복습

1. 다음 빈칸에 들어갈 말을 보기에서 찾아 써 보세요.

보기 코끼리, 우물, 주인, 나발, 고추

1) ☐ 가서 숭늉 찾는다

2) 원님 덕에 ☐ 분다

3) 작은 ☐ 가 맵다

4) 장님 ☐ 만지기

5) 재주는 곰이 넘고 돈은 ☐ 이 받는다

2. 다음 뜻을 가진 단어를 보기에서 찾아 써 보세요.

보기 부위, 수도, 외형, 부임, 입장료, 신중, 확신

1) 관을 통하여 물을 보내 주는 설비 ➡

2) 어떤 일을 할 임무를 받아 근무할 곳으로 감 ➡

3) 매우 조심스러움 ➡

4) 사물의 겉모양 ➡

5) 굳게 믿음 ➡

6) 전체에 대한 특정 부분 ➡

7) 어딘가로 들어가기 위하여 내는 요금 ➡

3. 다음 속담을 보고 그 뜻으로 알맞은 것을 골라 선으로 연결하세요.

우물에서 숭늉을 찾는다	다른 사람 덕분에 뜻밖의 호강을 한다
원님 덕에 나발 분다	전체를 제대로 보지 못하고 자기가 아는 것이 전부라고 생각한다
작은 고추가 맵다	노력의 결과로 전혀 다른 사람이 이득을 본다
장님 코끼리 만지기	일의 순서에 맞지 않게 성급하게 재촉한다
재주는 곰이 넘고 돈은 주인이 받는다	몸집이 작은 사람도 능력이 있으니 무시하지 마라

4. 다음 속담과 그 뜻을 읽고 이에 대한 여러분의 생각을 글로 써 보세요.

장님 코끼리 만지기

전체를 제대로 보지 못하고
자기가 아는 것이 전부라고 생각한다

속담왕

6주차

종로에서 뺨 맞고 한강에서 눈 흘긴다

종로에 도착 했습...
턱!
똑바로 보고다녀!
퍽!
흑흑
종로에서 뺨 맞고 한강에서 눈 흘긴다더니!
씩
씩
한강

어휘력 꽉잡아

속담에서 보이는 뜻을 생각해 보세요.

빰 맞고는
빰을 맞은 후라는 뜻입니다.

눈 흘긴다는
못마땅하게 노려본다는 뜻입니다.

↘ ↙

보이는 뜻 '종로에서 뺨을 맞은 후 한강에서 못마땅하게 노려본다' 입니다.

추론력 꽉잡아

속담 속에 숨은 뜻을 생각해 보세요.

종로에서 빰 맞고는
딴 곳에서 욕을 당한★ 후라는 뜻입니다.

한강에서 눈 흘긴다는
엉뚱한 곳에서 화풀이한다는 뜻입니다.

↘ ↙

숨은 뜻 입니다.

★ 욕당하다: 수치스러운 일을 겪게 되다

속담 꽉잡아 속담에 대해 자세히 알아봅시다.

종로는 서울 중심부에 위치한 지역입니다. 조선 시대 종로에는 성문의 개폐★ 시각을 알려 주는 큰 종이 있었는데요. 종이 있는 거리라는 뜻으로 지금의 이름이 붙게 되었습니다. 한편 한강은 서울을 남과 북으로 가로지르는 큰 강입니다. 종로에서 한강까지 걸어가려면 아무리 빨리 걸어도 1시간은 걸리는데요. 그래서 종로에서 뺨 맞고 한강에서 눈 흘긴다는 딴 곳에서 욕을 당한 후 엉뚱한 곳에서 화풀이한다는 의미입니다.

★ 개폐: 열고 닫음

활용력 꽉잡아 속담을 사용할 수 있는 다양한 상황을 생각해 보세요.

1. 엄마한테 혼나고 아빠한테 괜히 짜증낸다.

2. 시합에서 지고 괜히 동생한테 화풀이한다.

3.

4.

배경지식 꽉잡아

관련된 외국 속담을 알아봅시다.

미국에는 집에 가서 개를 걷어차다라는 속담이 있습니다. 밖에서 나쁜 일이 있었던 사람이 집에 돌아가서 가만히 있던 개를 걷어차는 상황을 말합니다. 종로에서 뺨 맞고 한강에서 눈 흘긴다와 마찬가지로 딴 곳에서 욕을 당한 후 엉뚱한 곳에서 화풀이한다는 의미로 사용됩니다. 하지만 요즘은 개를 때리면 동물 학대★로 처벌받을 수 있습니다. 죄없는 동물을 때려서는 안됩니다.

★ 학대: 몹시 괴롭히거나 가혹하게 대우함

창의력 꽉잡아

속담을 조금 바꿔 나만의 속담을 만들어 보세요.

예 시 학교에서 넘어지고 집에 와서 운다.

뜻 괜히 달래 달라고 떼를 쓴다.

나만의 속담

뜻

하나를 보면 열을 안다

핫도그
뭐야!
새치기야!
쏙!
분명, 저 사람
남을 생각하지
않는 사람일 거야!!
핫도그
잘 먹었다.
쓱쓱
휙!
하나를 보면
열을 안다더니!
뿡!
퉤!

어휘력 꽉잡아

속담에서 보이는 뜻을 생각해 보세요.

뭐야!
새치기야!

하나를 보면은
한 가지를 봄으로써라는 뜻입니다.

분명, 저 사람
남을 생각하지
않는 사람일거야!!

열을 안다는
열 가지를 알 수 있다는 뜻입니다.

↘ ↙

보이는 뜻 '한 가지를 봄으로써 열 가지를 알 수 있다' 입니다.

추론력 꽉잡아

속담 속에 숨은 뜻을 생각해 보세요.

잘 먹었다.
쓱쓱
휙!

하나를 보면은
작은 부분을 통해라는 뜻입니다.

하나를 보면 열을 안다더니!
뿡!
퉤!

열을 안다는
전체를 미루어 알 수 있다는 뜻입니다.

↘ ↙

숨은 뜻 ______ 입니다.

속담 꽉잡아 속담에 대해 자세히 알아봅시다.

하나를 보면 열을 안다는 속담이 있습니다. 이는 작은 부분을 통해 전체를 미루어 알 수 있다는 뜻입니다. 예를 들어 사람이 어떤 행동을 할 때 그런 행동은 우연히 나타나는 것이 아닙니다. 그 사람의 성격, 인성, 마음이 어우러져 그런 행동을 하게 되는 거죠. 그래서 행동 하나만 보더라도 그 사람이 어떤 성격이고 인성★은 어떠하며 마음 상태가 어떠한지 미루어 짐작할 수 있습니다.

★ 인성: 사람의 성품

활용력 꽉잡아 속담을 사용할 수 있는 다양한 상황을 생각해 보세요.

1. 욕을 자주 하는 모습을 통해 성격이 거칠 것이라고 짐작할 때

2. 청결한 손톱 상태를 통해 평소 깨끗한 사람이라고 짐작할 때

3.

4.

배경지식 꽉잡아

관련된 외국 속담을 알아봅시다.

독일에는 제비 한 마리가 여름을 불러오지는 않는다는 속담이 있습니다. 제비는 여름이 되면 찾아오는 여름 철새★입니다. 그래서 여름이 되면 철새를 볼 수 있습니다. 하지만 제비가 왔다고 해서 무조건 여름이 시작되는 것은 아닙니다. 너무 일찍 찾아오는 제비도 있을 수 있기 때문입니다. 그래서 이 속담은 하나를 보고 쉽게 결론을 내리지 말라는 의미입니다. 하나를 보면 열을 안다는 속담과 정반대의 의미입니다.

★ 철새: 계절에 맞춰 이리저리 옮겨 다니며 사는 새

창의력 꽉잡아

속담을 조금 바꿔 나만의 속담을 만들어 보세요.

예 시 하나를 봐도 | 하나도 | 모른다.

뜻 실제로는 보여지는 것과 또 다를 수 있다.

나만의 속담

뜻

한 귀로 듣고 한 귀로 흘린다

바닥에 과자 좀 흘리지 마.
네..
과자
과자
앞을 잘 보렴.
조심해.
네..
한 귀로 듣고
한 귀로 흘린다더니!
으악!!
미끌

어휘력 꽉잡아

속담에서 보이는 뜻을 생각해 보세요.

한 귀로 듣고는
한 쪽 귀로 들은 후라는 뜻입니다.

한 귀로 흘린다는
다른 쪽 귀로 흘려보낸다는 뜻입니다.

보이는 뜻

'한 쪽 귀로 들은 후 다른 쪽 귀로 흘려보낸다' 입니다.

추론력 꽉잡아

속담 속에 숨은 뜻을 생각해 보세요.

한 귀로 듣고는
대충 듣고라는 뜻입니다.

한 귀로 흘린다는
귀담아듣지 않는다는 뜻입니다.

숨은 뜻

입니다.

속담 꽉잡아 속담에 대해 자세히 알아봅시다.

한 귀로 듣고 한 귀로 흘린다는 속담이 있습니다. 사람에게는 귀가 두 개 있습니다. 그래서 듣고 싶지 않아도 양쪽 귀에서 소리가 모두 들립니다. 그런데 한 귀로 듣는다는 것은 그만큼이나 제대로 신경쓰지 않는다는 뜻입니다. 또 한 귀로 흘린다는 것은 들은 것이 머리에 남지 않고 그대로 나가 버린다는 뜻이고요. 그래서 이 속담은 남의 말을 경청★하지 않아 대충 듣고 귀담아듣지 않는다는 의미로 쓰입니다.

★ 경청: 귀를 기울여 들음

활용력 꽉잡아 속담을 사용할 수 있는 다양한 상황을 생각해 보세요.

1. 선생님이 설명을 하는데 제대로 듣지 않을 때

2. 양말을 뒤집어서 내놓지 말라고 하는데 계속 뒤집어서 낼 때

3.

4.

배경지식 꽉잡아

관련된 외국 속담을 알아봅시다.

수리남은 남아메리카 대륙★의 북부에 위치한 가난한 나라입니다. 남아메리카 대륙에는 브라질, 아르헨티나 등이 있습니다. 수리남에는 귀는 두 개지만 말을 두 번 들을 수는 없다는 속담이 있습니다. 말은 하면 그 즉시 사라지게 됩니다. 같은 말을 두 번 들을 수는 없습니다. 그래서 이 속담은 말을 들을 때는 귀기울여 들으라는 의미입니다.

★ 대륙: 여러 나라가 연결되어 있는 넓은 면적의 육지

창의력 꽉잡아

속담을 조금 바꿔 나만의 속담을 만들어 보세요.

예 시 두 귀로 듣고 두 귀에 담는다.

뜻 정신 차려서 잘 듣고 기억한다.

나만의 속담

뜻

호랑이를 잡으려면 호랑이굴로 가야 한다

호랑이를 잡으러 가자!!
좋아!
그럼 일단 호랑이가 있는 산으로 가자!
그래!! 산으로 가자.
어흥
호… 호랑이다!
내가 너무 심했나.

어휘력 짝잡아

속담에서 보이는 뜻을 생각해 보세요.

호랑이를 잡으려면은
호랑이를 사냥하려면이라는 뜻입니다.

호랑이굴로 가야 한다는 호랑이가 살고 있는
곳으로 가야 한다는 뜻입니다.

보이는 뜻

'호랑이를 사냥하려면
호랑이가 살고 있는 곳으로 가야 한다' 입니다.

추론력 짝잡아

속담 속에 숨은 뜻을 생각해 보세요.

호랑이를 잡으려면은
어떤 목적을 이루려면이라는 뜻입니다.

호랑이굴로 가야 한다는
그에 걸맞는 일을 해야 한다는 뜻입니다.

숨은 뜻

입니다.

속담 꽉잡아 속담에 대해 자세히 알아봅시다.

호랑이는 옛사람들에게 절대로 마주치고 싶지 않은 굉장히 무서운 존재★였습니다. 너무나 빠르고 힘이 세 어쩌다 만나기라도 한다면 꼼짝없이 잡아먹힐 수밖에 없기 때문입니다. 그래서 호랑이를 찾아간다는 일은 절대 있을 수 없는 일입니다. 하지만 호랑이를 잡겠다고 마음을 먹었다면 어떨까요? 아무리 무서워도 호랑이굴을 찾아가야겠죠? 그래서 호랑이를 잡으려면 호랑이굴로 가야 한다는 속담은 어떤 목적을 이루려면 그에 걸맞는 일을 해야 한다는 의미입니다.

★ 존재: 현실에 실제로 있는 대상

활용력 꽉잡아 속담을 사용할 수 있는 다양한 상황을 생각해 보세요.

1. 권투를 배우고 싶지만 맞을까 봐 겁을 내는 친구에게

2. 합창단에 들어가고 싶지만 창피를 당할까 봐 두려워하는 언니에게

3.

4.

배경지식 꽉잡아

관련된 외국 속담을 알아봅시다.

중국에는 겁쟁이는 죽은 호랑이 사냥을 좋아한다는 속담이 있습니다. 호랑이 사냥은 목숨을 걸고 하는 위험한 일입니다. 그만큼 성공했을 때는 사람들의 칭송★을 받을 수 있습니다. 겁쟁이는 사람들의 칭송을 받고는 싶은데 실제로 호랑이를 잡을 용기는 없습니다. 그래서 이미 죽어 있는 호랑이를 찾아 자신이 사냥한 척하려고 할 겁니다. 그래서 이 속담은 노력 없이 큰 결과를 얻으려 한다는 의미입니다.

★ 칭송: 뛰어난 업적을 존경하고 칭찬하며 말하다

창의력 꽉잡아

속담을 조금 바꿔 나만의 속담을 만들어 보세요.

예 시 [운동] 을 [하려면] [운동장으로] 가야 한다.

뜻 집에서 너무 시끄럽게 뛰고 장난치면 안 된다.

나만의 속담 [ ]

뜻 ______________________

호랑이한테 물려 가도 정신만 차리면 산다

그게 호랑이 탈이었다니.
어흥
에잇 내가 또 속을 줄 알고!!
우리가 만만해 보이냐!
호랑이한테 물려 가도 정신만 차리면 산다더니!

어휘력 꽉잡아

속담에서 보이는 뜻을 생각해 보세요.

호랑이한테 물려 가도는
호랑이가 물어서 끌고 가도라는 뜻입니다.

정신만 차리면 산다는
바르게 판단하면 살 수 있다는 뜻입니다.

↘ ↙

보이는 뜻 '호랑이가 물어서 끌고 가도 바르게 판단하면 살 수 있다' 입니다.

추론력 꽉잡아

속담 속에 숨은 뜻을 생각해 보세요.

호랑이한테 물려 가도는
아무리 나쁜 일이 생겨도라는 뜻입니다.

정신만 차리면 산다는 침착하게 행동하면
위기를 벗어날 수 있다는 뜻입니다.

↘ ↙

숨은 뜻 입니다.

속담 꽉잡아 속담에 대해 자세히 알아봅시다.

호랑이는 세상에서 가장 무서운 맹수★입니다. 덩치와 힘은 황소만큼 크고 강한데 이빨과 발톱은 날카로우면서 매우 사납기 때문입니다. 그래서 호랑이에게 물려 간다면 살아남기가 매우 힘듭니다. 그런데 이런 호랑이한테 물려 가도 정신만 차리면 산다는 속담은 무슨 뜻일까요? 호랑이한테 물려 가는 것과 같은 아무리 나쁜 일이 생겨도 침착하게 행동하면 위기를 벗어날 수 있다는 의미입니다.

★ 맹수: 주로 육식을 하는 사나운 짐승

활용력 꽉잡아 속담을 사용할 수 있는 다양한 상황을 생각해 보세요.

1. 나쁜 오빠, 언니들을 좁은 길에서 마주쳤을 때

2. 잘못한 것을 엄마에게 들켜 엄마가 매우 화났을 때

3.

4.

배경지식 꽉잡아

관련된 외국 속담을 알아봅시다.

수단에는 신발을 신으면 가시가 두렵지 않다는 속담이 있습니다. 만약 맨발로 길을 걷는다면 항상 발 디딜★ 곳을 잘 살펴야 할 것입니다. 가시나 깨진 유리 조각처럼 발에 상처를 입힐 수 있는 물건들이 있을 수 있기 때문입니다. 하지만 신발을 신는다면 걱정하지 않아도 되겠죠. 신발이 우리 발을 보호해 줄 것이기 때문입니다. 그래서 이 속담은 미리 준비를 잘한다면 많은 걱정을 덜 수 있다는 의미입니다.

★ 디디다: 발을 올려놓고 서거나 발로 내리누르다

창의력 꽉잡아

속담을 조금 바꿔 나만의 속담을 만들어 보세요.

예 시 나쁜 병 에 걸려도 병원만 가면 산다.

뜻 나쁜 병에 걸려도 치료를 잘 받으면 살 수 있다.

나만의 속담

뜻

6주차 복습

1. 다음 빈칸에 들어갈 말을 보기에서 찾아 써 보세요.

보기 한강, 정신, 하나, 호랑이굴, 흘린다

1) 종로에서 뺨 맞고 [   ] 에서 눈 흘긴다

2) [   ] 를 보면 열을 안다

3) 한 귀로 듣고 한 귀로 [   ]

4) 호랑이를 잡으려면 [   ] 로 가야 한다

5) 호랑이한테 물려가도 [   ] 만 차리면 산다

2. 다음 뜻을 가진 단어를 보기에서 찾아 써 보세요.

보기 개폐, 맹수, 학대, 경청, 인성, 철새, 존재

1) 열고 닫음 ➡

2) 몹시 괴롭히거나 가혹하게 대우함 ➡

3) 사람의 성품 ➡

4) 계절에 맞춰 이리저리 옮겨 다니며 사는 새 ➡

5) 귀를 기울여 들음 ➡

6) 현실에 실제로 있는 대상 ➡

7) 주로 육식을 하는 사나운 짐승 ➡

3. 다음 속담을 보고 그 뜻으로 알맞은 것을 골라 선으로 연결하세요.

종로에서 뺨 맞고 한강에서 눈 흘긴다	작은 부분을 통해 전체를 미루어 알 수 있다
하나를 보면 열을 안다	아무리 나쁜 일이 생겨도 침착하게 행동하면 위기를 벗어날 수 있다
한 귀로 듣고 한 귀로 흘린다	딴 곳에서 욕을 당한 후 엉뚱한 곳에서 화풀이한다
호랑이를 잡으려면 호랑이굴로 가야 한다	어떤 목적을 이루려면 그에 걸맞는 일을 해야 한다
호랑이한테 물려 가도 정신만 차리면 산다	대충 듣고 귀담아듣지 않는다

4. 다음 속담과 그 뜻을 읽고 이에 대한 여러분의 생각을 글로 써 보세요.

하나를 보면 열을 안다

작은 부분을 통해 전체를 미루어 알 수 있다

정답

1주 차 복습

1. 다음 빈칸에 들어갈 말을 보기에서 찾아 써 보세요.

1) 고와야　　2) 불구경
3) 밟힌다　　4) 꿩
5) 침 뱉기

2. 다음 뜻을 가진 단어를 보기에서 찾아 써 보세요.

1) 욕설　　2) 긍정적
3) 화재　　4) 황제
5) 상책　　6) 이득
7) 중력

3. 다음 속담을 보고 그 뜻으로 알맞은 것을 골라 선으로 연결하세요.

가는 말이 고와야 오는 말이 곱다	남몰래 나쁜 일을 계속하다 보면 결국 들키게 된다
강 건너 불구경	자기 자신에게 해가 되어 돌아오는 행동
꼬리가 길면 밟힌다	내가 남에게 하는 말과 행동이 좋아야 남이 나에게 하는 말과 행동도 좋다
꿩 먹고 알 먹기	하나의 일을 통해 두 가지 이상의 이득을 얻게 된다
누워서 침 뱉기	자기와 상관 없는 일이라고 무관심하게 방관한다

2주 차 복습

1. 다음 빈칸에 들어갈 말을 보기에서 찾아 써 보세요.

1) 소 잡는 칼　　2) 돌다리
3) 겨 묻은 개　　4) 못 먹는 감
5) 미꾸라지

2. 다음 뜻을 가진 단어를 보기에서 찾아 써 보세요.

1) 내외　　2) 용도
3) 특성　　4) 방심
5) 결점　　6) 의도
7) 번식

3. 다음 속담을 보고 그 뜻으로 알맞은 것을 골라 선으로 연결하세요.

닭 잡는 데 소 잡는 칼 쓴다	잘 아는 일도 꼼꼼하게 확인해 보라
돌다리도 두들겨 보고 건너라	행실이 좋지 않은 한 사람이 전체에게 나쁜 영향을 끼친다
똥 묻은 개가 겨 묻은 개 나무란다	내가 가질 수 없는 것은 남들도 쓸 수 없게 망가뜨린다
못 먹는 감 찔러나 본다	큰 결점이 있는 사람이 결점이 작은 사람을 지적한다
미꾸라지 한 마리가 온 웅덩이를 흐린다	작은 일을 하면서 쓸데없이 큰 힘을 쓴다

3주차 복습

1. 다음 빈칸에 들어갈 말을 보기에서 찾아 써 보세요.

1) 백지장　　2) 병
3) 부채질　　4) 연장
5) 뒷걸음질

2. 다음 뜻을 가진 단어를 보기에서 찾아 써 보세요.

1) 육체　　2) 협력
3) 원망　　4) 상반
5) 통증　　6) 목수
7) 공

3. 다음 속담을 보고 그 뜻으로 알맞은 것을 골라 선으로 연결하세요.

속담	뜻
백지장도 맞들면 낫다	아주 쉬운 일도 서로 도우면 더욱 쉽다
병 주고 약 준다	어떤 사람이 나에게 해를 입힌 후 도와줄 때 쓰는 말
불난 집에 부채질	나쁜 상황을 더욱 나쁘게 한다
서투른 목수가 연장 탓한다	실력이 부족한 사람이 다른 핑계를 댄다
소 뒷걸음질 치다 쥐 잡기	다른 행동을 하다가 의도하지 않게 공을 세웠다

4주차 복습

1. 다음 빈칸에 들어갈 말을 보기에서 찾아 써 보세요.

1) 쇠뿔　　2) 수박
3) 아랫돌　　4) 나무
5) 젖 준다

2. 다음 뜻을 가진 단어를 보기에서 찾아 써 보세요.

1) 공예품　　2) 과육
3) 중대　　4) 임시방편
5) 불가능　　6) 걸맞다
7) 욕구

3. 다음 속담을 보고 그 뜻으로 알맞은 것을 골라 선으로 연결하세요.

속담	뜻
쇠뿔도 단김에 빼라	어떤 일을 하려고 생각했으면 망설이지 말고 시작하라
수박 겉핥기	어떤 대상의 내용은 모르고 겉만 건드린다
아랫돌 빼서 윗돌 괴기	임시방편으로 당장 급한 일을 처리한다
오르지 못할 나무는 쳐다보지도 마라	내 능력으로 불가능한 일은 처음부터 욕심을 내지 마라
우는 아이 젖 준다	표현하고 노력하는 사람이 원하는 것을 얻는다

5주차 복습

1. 다음 빈칸에 들어갈 말을 보기에서 찾아 써 보세요.

1) 우물 2) 나발
3) 고추 4) 코끼리
5) 주인

2. 다음 뜻을 가진 단어를 보기에서 찾아 써 보세요.

1) 수도 2) 부임
3) 신중 4) 외형
5) 확신 6) 부위
7) 입장료

3. 다음 속담을 보고 그 뜻으로 알맞은 것을 골라 선으로 연결하세요.

우물에서 숭늉을 찾는다	다른 사람 덕분에 뜻밖의 호강을 한다
원님 덕에 나발 분다	전체를 제대로 보지 못하고 자기가 아는 것이 전부라고 생각한다
작은 고추가 맵다	노력의 결과로 전혀 다른 사람이 이득을 본다
장님 코끼리 만지기	일의 순서에 맞지 않게 성급하게 재촉한다
재주는 곰이 넘고 돈은 주인이 받는다	몸집이 작은 사람도 능력이 있으니 무시하지 마라

6주차 복습

1. 다음 빈칸에 들어갈 말을 보기에서 찾아 써 보세요.

1) 한강 2) 하나
3) 흘린다 4) 호랑이굴
5) 정신

2. 다음 뜻을 가진 단어를 보기에서 찾아 써 보세요.

1) 개폐 2) 학대
3) 인성 4) 철새
5) 경청 6) 존재
7) 맹수

3. 다음 속담을 보고 그 뜻으로 알맞은 것을 골라 선으로 연결하세요.

종로에서 뺨 맞고 한강에서 눈 흘긴다	작은 부분을 통해 전체를 미루어 알 수 있다
하나를 보면 열을 안다	아무리 나쁜 일이 생겨도 침착하게 행동하면 위기를 벗어날 수 있다
한 귀로 듣고 한 귀로 흘린다	딴 곳에서 욕을 당한 후 엉뚱한 곳에서 화풀이한다
호랑이를 잡으려면 호랑이굴로 가야 한다	어떤 목적을 이루려면 그에 걸맞는 일을 해야한다
호랑이한테 물려 가도 정신만 차리면 산다	대충 듣고 귀담아듣지 않는다